Dossier 1 :
La vérité sous le masque.

AH ! ZUT DE ZUT !!!
ZUT !
TAP TAP TAP
TAP TAP TAP
JE SUIS COINCE !!!
PAR L'HOMME MASQUE !!!
S'ILS ME REMETTENT LA MAIN DESSUS, C'EST FINI POUR MOI ! JE VAIS ME FAIRE TUER...
ARGH, DIRE QUE J'AVAIS ENFIN TROUVE LE REPAIRE DES HOMMES EN NOIR...

DETECTIVE CONAN

Gosho
AOYAMA
青山剛昌

TOME 6

Kana

RÉSUMÉ DES VOLUMES PRÉCÉDENTS

SHINICHI KUDO ÉTAIT UN BRILLANT LYCÉEN, DÉTECTIVE DE SURCROÎT. CONTRAINT PAR UNE MYSTÉRIEUSE ORGANISATION À BOIRE UN POISON, IL VOIT SON CORPS RAJEUNIR DE DIX ANS ! REBAPTISÉ CONAN EDOGAWA POUR PRÉSERVER SON SECRET, IL VIT CHEZ SA PETITE AMIE D'ANTAN, RAN MOURI, DONT LE PÈRE TIENT UNE AGENCE DE DÉTECTIVE. IL VA MÊME JUSQU'À ALLER À L'ÉCOLE PRIMAIRE POUR NE PAS ÉVEILLER LES SOUPÇONS ! D'UN CÔTÉ, IL AIDE LE PÈRE DE RAN À RÉSOUDRE DES ÉNIGMES BIEN TROP DIFFICILES POUR LUI, ET DE L'AUTRE, IL RECHERCHE LES MEMBRES DE L'ORGANISATION RESPONSABLES DE SON ÉTAT ACTUEL. UN MATIN, UNE FEMME SE FAISANT PASSER POUR LA MÈRE DE "CONAN EDOGAWA" ET UN MYSTÉRIEUX HOMME MASQUÉ FONT LEUR APPARITION. MEMBRES PRÉSUMÉS DE L'ORGANISATION DES HOMMES EN NOIR, ILS ONT EN LEUR POSSESSION, LE POISON QUE CONAN RECHERCHE ET S'APPRÊTENT À PERPÉTRER UN NOUVEAU CRIME... CONAN SE LANCE À LEUR POURSUITE POUR TENTER DE LES EN EMPÊCHER MAIS...

SOMMAIRE

QUE FAIRE !!?
TAP
QUE FAIRE !?
TAP
QUE FAIRE ?
TAP
TAP
LES PORTES DES CHAMBRES DE CET HÔTEL SE FERMENT AUTOMATIQUEMENT À CLÉ. TU CLAQUES LA PORTE, ÇA SUFFIT !
OUI !
CLAC
TU AS COMPRIS, MASAO ?
!?
VLAN
CLAC
TAP
TAP
TU EN AS MIS DU TEMPS !
Hiii
SOIS SAGE, À TOUT À L'HEURE !
OUI MAMAN !
TAP
TAP
3

RÂÂ
RÂÂ
RÂÂ
SALUT ! HA HA HA...
UN... UN VOLEUR ...
CHUUT ! JE NE TE VEUX AUCUN MAL...
JE VIENS DE LA PLANÈTE RAMPO. JE POURSUIS DE MÉCHANTS EXTRA-TERRES-TRES...
JE SUIS CONAN, LE DÉTECTIVE DE L'ESPACE !!!
...
MENTEUR ! T'ES QU'UN PETIT GARÇON !!!
BEN EN FAIT, J'AI PRIS L'APPARENCE D'UN PETIT GARÇON POUR TROMPER L'ENNEMI...
BON, ALORS MONTRE-MOI TA VÉRITABLE APPAREN-CE !
C'EST-À-DIRE QUE...
OUI, JE LE SAVAIS, TU ES UN VOLEUR !!!
ATTENDS UN PEU, JE VAIS APPELER LA POLICE !
CLIC
EH, EUH... NON ...

4

ÇA SUFFIT MAINTENANT MASAO !!!
C'EST LA VOIX DE MAMAN...
HÉ HÉ HÉ... JE SUIS UN HABITANT DE LA PLANÈTE RAMPO, JE PEUX PRENDRE N'IMPORTE QUELLE VOIX !!!
WAOUH ! GÉNIAL ! ALORS T'ES VRAIMENT UN DÉTECTIVE DE L'ESPACE !!!
JE L'AI BLUFFÉ AVEC MON TRANSFORMATEUR DE VOIX...
HA HA HA
ET MAINTENANT ? QU'EST-CE QUE JE FAIS ?
SI JE N'INTERVIENS PAS RAPIDEMENT, L'HOMME AVEC QUI ILS DOIVENT NÉGOCIER VA SE FAIRE TUER...
SANS COMPTER QUE JE DOIS RÉCUPÉRER LE MÉDICAMENT QUI FAIT RAJEUNIR QUE L'HOMME MASQUÉ A EN SA POSSESSION ...
EH, J'PEUX PAS T'AIDER, MOI ?
BON, AVANT TOUT, LE TÉLÉPHONE...
CRAT
TU PEUX ME DONNER UN DE TES CHEWING-GUMS ?
HEIN ? ÇA ?
OUI MAIS ÇA VA SERVIR À QUOI ?
HÉ HÉ... ÇA FAIT PARTIE DU PLAN SPÉCIAL ULTRA-SECRET DU DÉTECTIVE DE L'ESPACE !!!

CLAC CLAC
301
TOC TOC
CLAC
OUI ?
JE VIENS VOUS APPORTER LE DINER AVEC LE VIN QUE...
HEIN ? MAIS JE N'AI RIEN COMMANDE !!!
NOUS AVONS POURTANT REÇU UN APPEL TOUT À L'HEURE NOUS DEMANDANT DE VOUS MONTER CECI DANS VOTRE CHAMBRE...
C'EST BIZARRE...
...
ÇA NE FAIT RIEN...
HUM...
JE COMMENÇAIS DE TOUTE FAÇON À AVOIR FAIM...
MAIS...

HUM
OUI... TOUT DE SUITE...
URPS
DÉPÊCHEZ-VOUS DE METTRE TOUT ÇA À L'INTÉRIEUR !!!
TAIS-TOI !!!
ALLEZ, NE TRAÎNEZ PAS !
TAP TAP TAP
ALLEZ-Y...
OUI, OUI...
TAP TAP
CLAC
BON
SI TU AS FINI CE QUE TU AVAIS À FAIRE, DEHORS !
AAH
!?
HIII
30
AAAAAH
TAP

DU CHEWING-GUM DANS LA SERRURE !?
TAC
!?
...
HA HA HA...
CLAC CLAC
VLAM
PLAC
TAP
TAP
BON. SI NOUS TRINQUIONS ?
8

UN INSTANT ...
UN DE NOS INVITÉS NE S'EST PAS ENCORE ANNONCÉ.
UN...
INVITÉ ?
TU VEUX DIRE QU'À L'INTÉRIEUR ...
IL Y A LE GOSSE ?!
!?
FLAP
MAIS IL N'Y A RIEN LÀ-DESSOUS !
HUM... CETTE TABLE ROULANTE N'EST EN FAIT QU'UN LEURRE...
PUIS-QU'EN FAIT...
CLAC
IL EST DANS...

LE PLACARD !!!
TAN
C'EST...
LA FIN !!!
TU AS D'ABORD PRIS SOIN DE METTRE DU CHEWING-GUM DANS LA SERRURE PENDANT QUE NOUS DISCUTIONS AVEC LE SERVEUR QUE TU AVAIS APPELÉ...
PUIS, PENDANT QUE NOTRE ATTENTION SE PORTAIT SUR LA TABLE ROULANTE, TU T'ES GLISSÉ DANS LA CHAMBRE ET TU T'ES CACHÉ DANS LA PENDERIE !!!
TU PENSAIS M'AVOIR DE CETTE FAÇON ?
VU LA SITUATION, IL NE ME RESTE PLUS QU'À ME SERVIR DE MA MONTRE À PROJECTILES HYPODERMIQUES...

ELLE NE MARCHE PAS !?
HÉ HÉ... QUAND JE T'AI CAPTURÉ LA PREMIÈRE FOIS, J'AI UN PEU TRAFIQUÉ TA JOLIE MONTRE AFIN QU'ELLE NE FONCTIONNE PLUS...
QUOI ?!
JE VAIS T'EXPÉDIER DANS UN AUTRE MONDE OÙ TU POURRAS REGRETTER DE M'AVOIR SOUS-ESTIMÉ...
N'EST-CE PAS, M. LE DÉTECTIVE LYCÉEN...
SHINICHI KUDO !!!
BLAM

PITCH
BOU.
HEIN ?
HE HE HE
Hi Hi Hi
C'EST UN JOUET ...?
POP
HA HA HA HA HA HA HA HA
?
PiC
TU NE COMPRENDS TOUJOURS PAS ? C'EST MOi...
LE PLUS GRAND ÉCRIVAIN D'HISTOIRES POLICIÈRES QUE LE MONDE AIT JAMAIS CONNU ...
YUSAKU KUDO !!!

PAPA...
PA...
MAIS ALORS LA DAME...
CRITCH
FUU
SCRATCH
DÉSOLÉE, SHINICHI ...
MAMAN!!!
TAN
TOUT DE MÊME, NE PAS ÊTRE RECONNUE PAR SON PROPRE FILS ! JE POURRAIS ENCORE REDEVENIR ACTRICE !
BON. ET LE GROS LÀ ?
SCRATCH
SHIN
LE PROFESSEUR AGASA !!!
HA HA HA HA
TOUTE CETTE MISE EN SCÈNE POUR ME PIÉGER ...
SMILE

ぶっすーっ
GRRR
ALLONS, NE TE FÂCHE PAS... NOUS ÉTIONS TRÈS INQUIETS ...
C'EST VRAI, SHINICHI. NOUS RENTRONS À LA MAISON APRÈS UNE LONGUE ABSENCE ET TU N'ES PAS LÀ...
HA HA... ALORS LE PROFESSEUR AGASA VOUS A RACONTÉ CE QUI M'ÉTAIT ARRIVÉ ET VOUS AVEZ PRÉPARÉ TOUT CE PETIT JEU SOURNOIS...
CELA N'A RIEN DE SOURNOIS ...
JE VOULAIS TESTER TON APTITUDE À MENER UNE ENQUÊTE ...
RÉSULTAT : TU AS RÉUSSI À T'ÉCHAPPER, TU NOUS AS RETROUVÉS GRÂCE AUX INDICES QUE J'AVAIS LAISSÉS...
TU ES ARRIVÉ JUSQUE DANS LA CHAMBRE ET JE T'AI TIRÉ DESSUS !
TU VEUX DIRE QUE TU SAVAIS QUE J'ÉTAIS CACHÉ DANS LE GARDE-MANGER DE LA CUISINE ?
ÉVIDEMMENT ! COMME DÉTECTIVE, TU AS DES PROGRÈS À FAIRE !
EN PLUS, TU AURAIS DÛ REMARQUER QUELQUE CHOSE D'ÉVIDENT !
MON COSTUME ÉTAIT CELUI DE "L'ÉTRANGE BARON DE LA NUIT", LE HÉROS DE MES ROMANS...
QU'EST-CE QUE TU CROIS ? QUE JE N'AVAIS QUE ÇA À FAIRE ?!
JE PENSAIS ÊTRE EN DANGER DE MORT ET...
AH BON ? VRAIMENT ?

DANS CE CAS, NE RESTE PAS DANS CE DANGEREUX PAYS...
ET ACCOMPAGNE-NOUS À L'ÉTRANGER OÙ TU NE RISQUERAS PLUS RIEN !
PARDON ?
OUI, SHINICHI. C'EST POUR TE MONTRER À QUEL POINT TU METS TA VIE EN DANGER QUE NOUS AVONS FAIT TOUT ÇA !
ET C'EST POUR CETTE RAISON QUE J'AI ACCEPTÉ DE LES AIDER DANS CETTE PETITE MASCARADE...
...
SI NOUS AVIONS VRAIMENT FAIT PARTIE DE CETTE ORGANISATION,
TU NE SERAIS PLUS LÀ POUR EN PARLER ...
PAN
NE T'INQUIÈTE PAS, J'AI UN AMI À INTERPOL ...
JE VAIS LUI DEMANDER DE MENER DES RECHERCHES SUR CETTE ORGANISATION ...
ET NOUS TROUVERONS BIENTÔT LE REMÈDE QUI TE RENDRA TA TAILLE NORMALE...
...
FINI DE TE METTRE EN DANGER EN JOUANT LES DÉTECTIVES ...
PAS QUESTION !

C'EST MON ENQUÊTE ! C'EST MOI QUI LA RÉSOUDRAI !
PAPA, MAMAN ! NE VOUS EN MÊLEZ PAS !!!
MAIS...
SHINICHI ...
DE PLUS... JE NE PEUX PAS PARTIR...
JE NE PEUX PAS QUITTER LE JAPON COMME ÇA !!!
...
SHINICHI !!!
HUM... ÇA NE FAIT RIEN, LAISSONS-LE FAIRE CE QU'IL A ENVIE...
16
MAIS SI JAMAIS LA SITUATION S'AGGRAVE, NOUS VENONS TE CHERCHER IMMÉDIATEMENT !!!
MAIS CHÉRI ...
J'AI BIEN L'IMPRESSION QUE SHINICHI A D'AUTRES RAISONS DE VOULOIR RESTER...
...

COMMENT ?! VOUS VOULEZ QUE NOUS GARDIONS ENCORE VOTRE FILS !?
OUi... JE CROIS QU'iL SE PLAÎT BIEN iCi ET NE VEUT PAS VOUS QUITTER...
OUi MADAME MAIS...
BUREAU DU DÉTECTIVE MOURI
VOiCi POUR LE DÉRANGEMENT...
HEiN ?
FAITES-EN USAGE COMME BON VOUS SEMBLE EN CAS DE BESOiN...
UN MiLLiON !!!
VOUS SAVEZ, VOTRE FiLS EST UN ANGE ! QU'iL RESTE AUSSi LONGTEMPS QU'iL LE SOUHAiTE !!!
HO HO HO
HA HA HA HA
Mlle RAN ?
OUi...
Si VOUS POUVIEZ BiEN PRENDRE SOiN DE LUi !
JE CROIS QU'iL VOUS AiME BEAUCOUP.
VRAiMENT ?

AÉROPORT DE NARITA
SHUUU
AH, JE ME SUIS BIEN AMUSÉ ! JE NE REGRETTE PAS D'ÊTRE REVENU ET D'AVOIR LAISSÉ MES OUVRAGES EN COURS !
MAIS TU CROIS QUE ÇA VA ALLER POUR SHINICHI ?
MAIS OUI ! ON VA LE VOIR RAPPLIQUER UN DE CES JOURS EN PLEURANT ...
ET QUE DIRAIS-TU DE FAIRE UN PETIT TOUR DU MONDE MAINTE-NANT QU'ON Y EST ?
QUELLE BONNE IDÉE !
AH, IL EST LÀ !
MON-SIEUR KUDO !!!
AAH ! MES ÉDITEURS !
BAP BAP BA
COM-MENT AVEZ-VOUS SU ?!
NOUS AVONS REÇU UN APPEL DE VOTRE FILS ! J'ATTENDS LES 308 DERNIÈRES PAGES !
EH LÀ ! MOI EN PREMIER !
EH, OH ! NOUS AUSSI, ON ATTEND ET ON A ARRÊTÉ LA PRODUC-TION !!!

IL NOUS A EUS...
SALE GAMIN ...
CLAC
CLAC
CLAC
CLAC
CLAC
WAAAAH ...

Dossier 2 : Trois visiteurs ?

CELA NE FAIT AUCUN DOUTE...
VOTRE ÉPOUSE VOUS TROMPE...
JE LE SAVAIS...
MAIS VOUS ÊTES SÛR QUE CETTE FEMME EST BIEN MON ÉPOUSE ?
DENJIRO MARU.
51 ANS. PDG DU GROUPE MARU.
PFFUT
REGARDEZ BIEN EN DESSOUS DE SON OEIL...
!?
IL SEMBLE QU'ELLE AIT PU CACHER SON VISAGE DERRIÈRE DES LUNETTES ET SOUS UN CHAPEAU, MAIS PAS SON GRAIN DE BEAUTÉ...

2

CETTE FEMME EST BIEN VOTRE ÉPOUSE...
LA VÉRITABLE MADAME INEKO MARU !!!
...
TOC
IL A SAUTÉ À NOUVEAU !
ET ALORS, KOGORO ?! VOUS ALLEZ NOUS FAIRE ATTENDRE ENCORE LONGTEMPS ?
SPLASH
POUR UNE FOIS QU'IL NOUS EMMENAIT AU RESTAURANT...
IL PASSE PAR ICI AVANT...
ET PUIS D'ABORD, EST-CE BIEN NORMAL QU'UN DÉTECTIVE VIENNE AVEC UN ENFANT ANNONCER À SON CLIENT LES TROMPERIES DE SA FEMME...?

Hii
Hii
HM ?
TAP
GAT GAT
UNE VISITE ?
TROIS... TROIS FOIS PAR SEMAINE AVEC CET HOMME ?
OUI ...
ET QUI EST-IL ?
ÇA, JE NE LE SAIS PAS ENCO-RE...
DING DONG
HM ? ON DIRAIT QUE VOUS AVEZ DE LA VISITE ...
OUI, J'ATTENDS ENCORE TROIS AUTRES PERSONNES APRÈS VOUS...

4

*NOTE DU TRADUCTEUR : LE KOTO EST UN INSTRUMENT DE MUSIQUE TRADITIONNEL JAPONAIS.

DRING
DRING DRING DRING DRING DRING DRING DRING DRING DRING DRING
DRING DRING DRING DRING
ET ALORS !!! QU'EST-CE QU'IL FAIT BON SANG !?
IL EST DANS L'ANNEXE, IL NE DOIT PAS ENTENDRE ...
DRI...
ÇA S'EST ARRÊTE ...
ZUT !!!
...

6

!?
TU N'AS PAS ENTENDU UN BRUIT BIZARRE ?
HEIN ? NON...
QUEL GENRE DE BRUIT ?
COMME SI ON FRAPPAIT OU ON GRATTAIT QUELQUE CHOSE...
UN BRUIT ASSEZ INDÉFINISSABLE...
ÇA VENAIT DE L'ANNEXE ...
ET ARRÊTE DE DIRE DES BÊTISES...
ENFIN ...
...
TIC TIC
TIC

CROA カア CROA カア
TU NE TROUVES PAS QU'IL EST UN PEU LONG, LE MONSIEUR ?
OUI... SURTOUT QU'IL A DIT QU'IL REVENAIT TOUT DE SUITE...
DRING
DRING
ENCORE LE TÉLÉPHONE...
DRING
ASSEZ !!!
VLAN
DRI...
ÇA A RACCROCHÉ. IL N'Y A EU QUE TROIS SONNERIES CETTE FOIS...
QU'EST-CE QU'IL FAIT ?
ÇA FAIT DEUX HEURES QU'ON L'ATTEND...
VRAIMENT...
VLAN
DRING

...
DRING
DRING
DRI...
ENCORE TROIS FOIS...
QU'EST-CE QUE ÇA VEUT DIRE ?
JE N'EN PEUX PLUS ! JE VAIS ALLER LE VOIR À L'ANNEXE !!!
GU GU
MAIS PAPA !!!
AAAAAAAH
!?
QUOI ?!
TAP
SHU
AAAH
QU'EST-CE QU'IL Y A ?!
9
QUI ÊTES-VOUS ?
MAIS ...
JE VOUS RETOURNE LA QUESTION.
NOUS SOMMES LES DOMESTIQUES DE LA MAISON !
NOUS VENONS DE CROISER MADAME DANS LA RUE ET...
EH BIEN ? QUEL EST CE VACARME ...?
AAH...

MADAME !
INEKO MARU.
(34 ANS) ÉPOUSE DE DENJIRO MARU
NOUS ÉTIONS DANS L'ENTRÉE ET NOUS AVONS APERÇU CE MONSIEUR QUI MARCHAIT DANS LA MAISON !!!
OH !
EUH, ATTENDEZ ! JE SUIS DÉTECTIVE, C'EST VOTRE MARI QUI A FAIT APPEL À MOI !!!
L'IDIOT ...!
UN DÉTEC-TIVE...?
OUPS
ET QUE VIENT FAIRE UN DÉTECTIVE CHEZ MOI ?
OÙ EST-IL, MON MARI ?
C'EST À VOTRE MARI QU'IL FAUT LE DEMANDER ...
EH BIEN, IL EST ALLÉ DANS L'ANNEXE ET N'EST TOUJOURS PAS REVENU ...
KUMI, SAORI ! ALLEZ LE CHERCHER, JE VOUS PRIE !
TOUT DE SUITE, MADAME !
ALORS ?
TAP TAP TAP
QU'AVEZ-VOUS DÉCOUVERT ?
PARDON ?
JE VOUS PAIERAI LE DOUBLE DE LUI !!!
MAIS SURTOUT, N'ALLEZ PAS RACONTER À MON MARI CE QUE VOUS AVEZ DÉCOUVERT ...
C'EST-À-DIRE QUE...

きゃあああああ..
AAAAAH
C'ÉTAIT LA VOIX DES DOMES-TIQUES, NON ?
SE SERAIT-IL PASSÉ QUELQUE CHOSE DU CÔTÉ DE L'ANNEXE ?
TAP
TAP TAP TAP
QUE SE PASSE-T-IL ?!
AAA ...
AA AAA ...

!?

MON MARI...

13

PIN PON PIN PON
FLASH FLASH
IL S'AGIT DE DENJIRO MARU, 51 ANS...
IL SEMBLE ÉVIDENT QUE L'ARME DU CRIME SOIT CE SABRE JAPONAIS PLANTÉ DANS SA POITRINE...
À EN JUGER PAR L'ÉTAT DE CETTE PIÈCE ET LE NOMBRE DE COUPS REÇUS...
C'EST APRÈS UNE LONGUE LUTTE AVEC LE MEURTRIER...
QUE LA VICTIME A SUCCOMBÉ.
MAIS QUE FONT DES SABRES JAPONAIS DANS CETTE PIÈCE ?
MON... MON MARI S'EN SERVAIT POUR DÉCORER !
LES SABRES ÉTAIENT SA PASSION... IL ÉTAIT TROISIÈME DAN.
OH... IL ÉTAIT DONC TRÈS FORT...
...ET LE MEURTRIER DOIT DONC BIEN SAVOIR MANIER LE SABRE.

ET VOUS, DÉTECTIVE MOURI, VOUS VOUS TROUVIEZ ENCORE UNE FOIS PAR LE PLUS GRAND DES HASARDS SUR LE LIEU DU CRIME... VOUS N'AVEZ PAS RENCONTRÉ DE PERSONNES SUSPECTES ?
NON, INSPECTEUR. M. MARU M'AVAIT JUSTE DEMANDÉ DE PATIENTER UN PEU ICI.
MAIS MOI, J'AI VU RENTRER QUELQU'UN QUI POURRAIT BIEN ÊTRE LE MEURTRIER !
AH BON ? VRAI-MENT ?
OUI ! EN PLUS LE MONSIEUR QUI A ÉTÉ TUÉ EST ALLÉ DANS CETTE PETITE MAISON AVEC L'AUTRE MONSIEUR, ET IL N'EN EST PLUS RESSORTI...
COMME LA PORTE DE SERVICE PRÈS DE L'ANNEXE ÉTAIT OUVERTE...
LE MEURTRIER EST SÛREMENT SORTI DISCRÈTEMENT PAR CETTE PORTE APRÈS AVOIR COMMIS SON CRIME !
ENCORE TOI...
ET TU AS VU SON VISAGE ?
NON ! JE JOUAIS PRÈS DE LA MARE ET À CAUSE DES BUISSONS, JE N'AI PU VOIR QUE SES PIEDS ...
HM... QUOI QU'IL EN SOIT, L'ASSASSIN AVAIT RENDEZ-VOUS AVEC LA VICTIME...
ET C'EST UN EXPERT DANS LE MANIE-MENT DU SABRE...
INSPEC-TEUR ! NOUS AVONS TROUVÉ UN CARNET DANS LA POCHE DE LA VICTIME !
TIENS... TOUT SON EMPLOI DU TEMPS Y EST INSCRIT...
SHAP
ET LES PERSONNES QU'IL DEVAIT VOIR AUJOUR-D'HUI SONT...

MERCREDI
PM 2:00 管理部
rdv avec le comptable
JEUDI
Kogoro Mouri Yuji Suwa
Ikuya Hatano Makoto Akutsu
VENDREDI
SAMEDI
PM 7:00~
JEUDI
CES QUATRE PERSONNES !!!
COMMENT ?!
INSPECTEUR ! NOUS AVONS TROUVÉ CET HOMME EN TRAIN DE RÔDER AUTOUR DE LA MAISON !!!
C'EST VRAI. IL M'A DIT DEVOIR RENCONTRER DEUX OU TROIS AUTRES PERSONNES AUJOURD'HUI...
MAIS C'EST...
ENFIN ARRÊTEZ ! JE...
LE DOCTEUR HATANO !!!
DONC LE IKUYA HATANO DU CARNET, C'EST LUI...
OUI, C'EST BIEN AINSI QUE JE M'APPELLE...
C'EST LE MÉDECIN DE MON MARI ! MON MARI ÉTAIT DIABÉTIQUE, IL VENAIT L'EXAMINER UNE FOIS PAR SEMAINE !
QU'EST-CE QUE VOUS ME VOULEZ !?
POUR QUI ME PRENEZ-VOUS ?!
HUM ?

JE SUIS AKUTSU, MAÎTRE D'ART SCULPTURAL !!!
AKUTSU ? M. MAKOTO AKUTSU ?
OUI !!! JE VIENS VOIR M. MARU !!!
HUM, HUM... SONT DONC PRÉSENTES ICI TROIS DES QUATRE PERSONNES DONT LES NOMS FIGURENT SUR CE CARNET...
!!
MAIS OUI ! J'AI TROUVÉ !
LE COUPABLE EST DÉJÀ VENU RENDRE VISITE À LA VICTIME ...
C'EST DONC CELUI DONT LE NOM EST INSCRIT SUR LE CARNET ET QUI N'EST PAS LÀ ...
SOIT M. YUJI SUWA !
QUE SE PASSE-T-IL ?
HEIN ?
VOUS NE SERIEZ PAS YUJI SUWA PAR HASARD...?
SI, EFFECTIVE-MENT...
QUE FAITES-VOUS LÀ...?
?
!?

QUI EST CE GARÇON ?
ENFIN CONAN !!!
NE FAITES PAS ATTENTION !!!
PSHHT PSHHT
...
EUH, MONSIEUR ...?
OUI ?
VOUS PRATIQUEZ LE SABRE ?
HEIN ?

DOSSIER 3 :
TROIS ALIBIS.

MONSIEUR, VOUS PRATIQUEZ LE SABRE, NON ?
HEIN ?
COMMENT LE SAIS-TU, MON GARÇON ?
C'EST VOTRE MAIN GAUCHE, MONSIEUR !
IL Y A UNE PETITE COUPURE ...
ENTRE LE POUCE ET L'INDEX, N'EST-CE PAS ?
LES PERSONNES QUI PRATIQUENT LE SABRE SE COUPENT SOUVENT EN RANGEANT LE SABRE DANS SON ÉTUI !
C'EST NORMAL PUISQUE LORSQU'ON LE RANGE, ON TIENT LE SABRE DE MANIÈRE À ENVELOPPER L'ENTRÉE DE L'ÉTUI AVEC LE POUCE ET L'INDEX !

C'EST POUR ÇA QUE JE VOUS AI POSÉ CETTE QUESTION...
EST-CE VRAI ?
OUI. C'EST UNE COUPURE QUI DATE DE L'ÉPOQUE OÙ JE NE SAVAIS PAS ENCORE BIEN MANIER LE SABRE...
MAIS JE SUIS DÉSORMAIS SUFFISAMMENT EXPÉRIMENTÉ POUR DIRIGER MON PROPRE CLUB...
D'AILLEURS, M. MARU Y VIENT SOUVENT. AUJOURD'HUI JE SUIS VENU CAR JE DOIS LUI RENDRE DE L'ARGENT.
HÉ...
JE VOIS... VOUS AVEZ TUÉ M. MARU CAR VOUS NE POUVIEZ PAS LE REMBOURSER...
QUOI ?
TUÉ ?
NE FAITES PAS L'INNOCENT...
EH LÀ ! QU'EST-CE QUE ÇA VEUT DIRE ?
IL EST ARRIVÉ QUELQUE CHOSE À M. MARU ?
IL A ÉTÉ ASSASSINÉ...
QUOI ?
LÀ-BAS, DANS L'ANNEXE !!!

!?
DENJIRO...
MAIS...
QUI A PU FAIRE UNE CHOSE PAREILLE...
D'APRÈS LES TÉMOIGNAGES DU DÉTECTIVE MOURI, DE SA FILLE ET DU PETIT CONAN QUI ÉTAIENT DANS LA MAISON AU MOMENT DU MEURTRE...
IL SEMBLERAIT QU'UNE PERSONNE SOIT VENUE LUI RENDRE VISITE VERS 15H ET QU'ILS SOIENT ALLÉS TOUS LES DEUX DANS L'ANNEXE...
CE SONT LES DOMESTIQUES QUI L'ONT RETROUVÉ DEUX HEURES APRÈS EN ENTRANT DANS L'ANNEXE...

NOUS POUVONS DONC EN DÉDUIRE QUE LE CRIME A ÉTÉ COMMIS ENTRE 15 ET 17 HEURES...
L'ASSASSIN EST SÛREMENT UNE DES PERSONNES AVEC QUI IL AVAIT RENDEZ-VOUS AUJOURD'HUI, C'EST-À-DIRE VOUS...
CE N'EST PAS POSSIBLE !?
CE N'EST PAS MOI !
RESTEZ CALMES ! NOUS AVONS DÉJÀ UNE IDÉE SUR L'IDENTITÉ DU MEURTRIER !
D'APRÈS L'ÉTAT DE LA PIÈCE, D'APRÈS LE NOMBRE DE COUPS REÇUS PAR LA VICTIME...
NOUS POUVONS PENSER QUE C'EST APRÈS UNE LONGUE LUTTE QUE LA VICTIME A ÉTÉ TUÉE...
DE PLUS M. MARU ÉTAIT 3ème DAN DE SABRE ...
5
L'ASSASSIN DOIT DONC BIEN SAVOIR MANIER CETTE ARME... N'EST-CE PAS, M. YUJI SUWA ?
QUOI ?!
HÉ HÉ... ON DIT SOUVENT QUE LE COUPABLE REVIENT TOUJOURS SUR LES LIEUX DU CRIME. VOUS N'ÉCHAPPEZ PAS À LA RÈGLE...
MAIS NON ! VOUS FAITES ERREUR !!!
JE N'AI PAS COMMIS DE CRIME...
ÇA C'EST BIZARRE ...

HEIN ?
REGARDEZ ! IL TIENT SON SABRE À L'ENVERS, NON ?
!?
PENDANT MON ENTRAÎNEMENT DE KARATE...
JE REGARDE SOUVENT CEUX QUI FONT DU KENDO...
ILS TIENNENT TOUS LEUR SABRE DE KENDO EN METTANT LA MAIN DROITE DEVANT ET LA GAUCHE DERRIÈRE !
C'EST VRAI...
PFF ! DE QUOI JE ME MÊLE...
MAIS PAPA...
C'EST SIMPLE ! M. MARU ÉTAIT SÛREMENT GAUCHER !
NON !
ENCORE LUI...
REGARDEZ CETTE PHOTO !
IL TIENT BIEN SON SABRE AVEC LA MAIN DROITE DEVANT ET LA GAUCHE DERRIÈRE !
COMME L'A DIT RAN, ICI IL TIENT SON SABRE À L'ENVERS...
HUM...
CELA VOUDRAIT DIRE QUE...

6

QUELQU'UN AURAIT MIS CE SABRE DANS LES MAINS DE M. MARU !?
HEIN ?!
CE N'EST PAS NORMAL QU'IL Y AIT AUTANT DE TRACES SUR LES MURS ET AU PLAFOND. MÊME S'ILS ONT LUTTÉ...
ET PUIS CETTE PIÈCE...
!?
C'EST CLAIR ! LE MEURTRIER A FAIT DES TRACES SUR LES MURS POUR FAIRE CROIRE À UN COMBAT !
CERTAINEMENT POUR FAIRE ACCUSER M. SUWA QUI PRATIQUE LE SABRE !!!
MAIS...
MAIS IL A COMMIS UNE ERREUR EN METTANT LE SABRE ENTRE LES MAINS DE M. MARU ...
LE COUPABLE EST QUELQU'UN QUI AVAIT RENDEZ-VOUS AVEC M. MARU ...
ET QUI SAVAIT QUE M. SUWA VIENDRAIT AUSSI AUJOURD'HUI.
EH ATTENDEZ MOI, C'EST LA PREMIÈRE FOIS QUE JE VOIS CET HOMME !!!
MOI... MOI AUSSI...
EXCEPTÉ M. SUWA, JE VEUX QUE VOUS ME DISIEZ QUI VOUS ÊTES ET POURQUOI VOUS AVIEZ RENDEZ-VOUS AUJOURD'HUI...
ATTENDEZ INSPECTEUR ! JE VAIS COMMENCER. CELA PEUT PEUT-ÊTRE FAIRE AVANCER VOTRE ENQUÊTE. ET POUR M. MARU...
COMME VOUS VOULEZ ...

MON NOM EST YUJI SUWA. JE DIRIGE UN DOJO DE SABRE DANS LA VILLE DE BEIKA...
COMME JE VOUS L'AI DIT TOUT À L'HEURE, JE SUIS VENU RENDRE À M. MARU L'ARGENT QU'IL M'AVAIT PRÊTÉ, SOIT 5 MILLIONS DE YENS...
COMME VOUS POUVEZ LE CONSTATER, J'AI APPORTÉ CET ARGENT...
YUJI SUWA. 46 ANS. MAITRE DU DOJO SUWA.
JE VOUS LE DEMANDE PAR PURE FORMALITÉ, MAIS QUE FAISIEZ-VOUS ENTRE 15H ET 17H AUJOURD'HUI ?
JE CROIS QUE J'ÉTAIS SEUL À MON DOJO, JE MÉDITAIS.
IL N'Y AVAIT AUCUN TÉMOIN ?
NON, MALHEUREUSEMENT.
CELA N'A PAS D'IMPORTANCE... SUIVANT !
C'EST À MOI ?
JE M'APPELLE MAKOTO AKUTSU, JE SUIS SCULPTEUR !!!
COMME À CET HOMME, IL M'AVAIT PRÊTÉ DE L'ARGENT : 10 MILLIONS DE YENS.
MAKOTO AKUTSU. 48 ANS. SCULPTEUR.
ET VOUS ÊTES VOUS AUSSI VENU RENDRE L'ARGENT ?
NON. JE COMPTAIS LE FAIRE MAIS...
J'ÉTAIS VENU LUI DEMANDER DE M'ACCORDER UN DÉLAI SUPPLÉMENTAIRE...
??
À L'HEURE SUPPOSÉE DU CRIME, JE SCULPTAIS, SEUL, DANS MON ATELIER.
VOUS N'AVEZ DONC PAS NON PLUS D'ALIBI ?
QUOI ?!
...

ET VOUS DÉTECTIVE MOURI ? QU'ÉTIEZ-VOUS VENU FAIRE ICI...
HEIN ?
VOUS NE SERIEZ QUAND MÊME PAS EN TRAIN DE ME SUSPECTER, INSPECTEUR...
BIEN SÛR QUE SI ! VOUS ÊTES SUR LA LISTE DES PERSONNES AVEC QUI M. MARU AVAIT RENDEZ-VOUS !
ALLONS, INSPECTEUR ! J'ÉTAIS JUSTE VENU DONNER À M. MARU LES RÉSULTATS DE MON ENQUÊTE !
SA FEMME LE TROMPE ET J'ÉTAIS VENU L'EN INFORMER...
QUOI ?
MADAME ... LE TROMPAIT...?
...
OUPS ...
BRAVO ! UN DÉTECTIVE DIVULGUANT LES RÉSULTATS DE SON ENQUÊTE ...
JE CROIS QUE ÇA SUFFIT ! AU SUIVANT !
EUH, OUI...

JE M'APPELLE IKUYA HATANO... JE SUIS LE MÉDECIN DE M. MARU...
C'ÉTAIT AUJOURD'HUI LE JOUR DE CONTRÔLE DU DIABÈTE DE M. MARU.
IKUYA HATANO. 37 ANS. TRAVAILLE À L'HOPITAL BEIKA.
BON. ET QUE FAISIEZ-VOUS À L'HEURE DU CRIME ?
C'EST... C'EST-À-DIRE QUE...
HUM ?
CETTE ODEUR...
UN PARFUM DE FEMME...
MAIS CE PARFUM... JE L'AI DÉJÀ SENTI...
TOUT À L'HEURE...
SNIF
SNIF
SNIF SNIF
AH...
ENFIN, CONAN ! QU'EST-CE QUI TE PREND DE RENIFLER LES GENS...
C'EST PAS DES MANIÈRES...
PARDON... CE N'EST RIEN...
HA HA HA
!?!!

*NOTE DU TRADUCTEUR : GINZA EST UN QUARTIER DE TOKYO.

C'ÉTAIT PAS "LE PÈRE NOËL DE L'ÉTÉ" ?
HEIN ?
SI VOUS ÊTES ALLÉ À GINZA, C'EST LE SEUL QUI SE JOUE !
NOUS AUSSI ON L'A VU À GINZA LA DERNIÈRE FOIS. N'EST-CE PAS, RAN ?
OUI, OUI...
OUI... VOILÀ... C'EST ÇA...
C'EST CE QUE J'AI VU : "LE PÈRE NOËL DE L'ÉTÉ"...
HM...
MAIS IL NE RESTAIT PAS À L'AFFICHE QUE JUSQU'À LA SEMAINE DERNIÈRE ?
HEIN ?
OUI, C'EST VRAI ! NOUS, ON L'A VU LE DERNIER JOUR...
QU'EST-CE QUE ÇA VEUT DIRE, M. HATANO ?
EUH... EN FAIT... EUH...
IL NE FAUT PAS SE MOQUER DE MOI...
ALORS ? QUE FAISIEZ-VOUS VÉRITABLEMENT À CE MOMENT-LÀ ?
C'EST QUE...
...

VOUS NE ME LAISSEZ PLUS LE CHOIX : VOUS ALLEZ M'EXPLIQUER TOUT ÇA AU POSTE DE POLICE !
MAIS ...!
ATTENDEZ, INSPECTEUR !!!
MADAME MARU...?
LE DOCTEUR HATANO EST INNOCENT ...
LE DOCTEUR HATANO A PASSÉ L'APRÈS-MIDI...
À L'HÔTEL BEIKA AVEC MOI !!!
À L'HÔTEL ...?
...
POURQUOI À L'HÔTEL ...?
VOUS NE COMPRENEZ PAS ?
CET HOMME ...
CATCH

C'EST MON AMANT !!!
QUOI ?!
MAIS ALORS, L'HOMME QUE J'AI PRIS EN PHOTO PENDANT MON ENQUÊTE, C'ÉTAIT LUI...
OUI !
IL N'Y A PAS DE DOUTE ...
CLAC
C'EST ...
ZAP ZAP
PLOTCH
LE MÊME HOMME !!!

BON ! VOUS AVEZ ENFIN COMPRIS ? CE N'EST PAS LUI QUI A TUÉ MON MARI !!!
HUM... QUI ME DIT QUE VOUS N'ÊTES PAS COMPLICES ...?
VOUS AVEZ PEUT-ÊTRE AGI TOUS LES DEUX POUR L'HÉRITAGE EN FAISANT ACCUSER M. SUWA ?
QUOI !?
...
DONC, AUCUNE DES PERSONNES SUSPECTÉES QUI AVAIENT UN RENDEZ-VOUS AUJOURD'HUI N'A D'ALIBI...
SI ON EXCLUT POUR L'INSTANT KOGORO ET M. SUWA QU'ON A CHERCHÉ À FAIRE ACCUSER...
HM... À QUELLE HEURE AVIEZ-VOUS RENDEZ-VOUS AVEC M. MARU ?
MOI, À 14 HEURES, INSPECTEUR !!!
MOI À 18 HEURES ...
MOI À 16 HEURES ...
EUH... À 17 HEURES ...
IL NE RESTE QUE DEUX PERSONNES !!!
LE CRIMINEL EST-IL PARMI EUX...?
CE QUI EST CURIEUX, C'EST QUE VOUS SOYEZ TOUS VENUS UN PEU APRÈS 17 HEURES, LORSQUE LA POLICE VENAIT D'ARRIVER...
AH, AU FAIT INSPECTEUR ...
J'AI LAISSÉ UN MESSAGE SUR LE RÉPONDEUR POUR PRÉVENIR QUE J'ARRIVERAIS PLUS TÔT...
AH BON ?

15

MOI AUSSI J'AI LAISSÉ UN MESSAGE SUR LE RÉPONDEUR !!!
MAIS MOI AUSSI ! POUR PRÉVENIR QUE JE SERAIS UN PEU EN RETARD !
S'IL VOUS PLAÎT MADAME, OÙ SE TROUVE CE RÉPONDEUR ?
JE PENSE QU'IL DOIT ÊTRE ICI, DANS L'ANNEXE ...
MON MARI PASSAIT TOUS SES APPELS IMPORTANTS D'ICI...
IL DEVRAIT ÊTRE SUR LA TABLE ...
J'AI TROUVÉ !!!
IL EST LÀ !!!
BIEN. ÉCOUTONS TOUT ÇA...
VRUUU
"BIP !" EUH, C'EST IKUYA HATANO... VOUS N'ÊTES PAS LÀ M. MARU ? C'EST EMBÊTANT ...
ÇA, C'EST MOI !!!
OUI, J'AI BIEN COMPRIS...
"IL EST 16 HEURES 38 MINUTES"
NOUS AVIONS RENDEZ-VOUS À 17 HEURES... J'Y... J'Y SERAI QUAND MÊME...

16

"BIP !" C'EST YUJI SUWA... NOUS DEVIONS NOUS VOIR À 18 HEURES MAIS JE PENSE VENIR UN PEU PLUS TÔT...
POUR LA COMPÉTITION DE SABRE DU MOIS PROCHAIN, BLA BLA BLA BLA...
BLA BLA BLA...À TOUT À L'HEURE... CLIC "IL EST 16 HEURES ET 41 MINUTES"
VRUUU
HEIN ?
M. AKUTSU, LE VÔTRE N'Y EST PAS...
CE N'EST PAS POS-SIBLE ...
VOUS EN AVEZ VRAIMENT LAISSÉ UN ?
JE VOUS ASSURE ! J'AI VRAIMENT APPELÉ !!!
JE DISAIS : "JE SERAI UN PEU EN RETARD, MAIS J'APPORTERAI L'ARGENT !!! ALORS NE LA VENDEZ PAS OU VOUS LE PAIEREZ CHER !!!
LE PAYER CHER ...?
EUH OUI, IL M'AVAIT MENACÉ... IL AVAIT DIT QU'IL VENDRAIT UNE DE MES SCULPTURES PRISE EN GARANTIE, SI JE NE LE REMBOURSAIS PAS...
QUELLE EST CETTE SCULP-TURE ?
C'EST LE CHEF-D'OEUVRE DE MON MAÎTRE...
LA DERNIÈRE FOIS QUE JE SUIS VENU, ELLE ÉTAIT DANS L'ANNEXE ...
HM ?

AAH ...
ELLE EST LÀ !!!
C'EST CE DRAGON !!!
AAH, TU N'AS RIEN !!!
!!
TIENS ...
C'EST ÉTRANGE, CETTE SCULPTURE ...

Dossier 4 :

Le mystère du répondeur.

OH, TU N'AS RIEN !!!
C'EST CE DRAGON ? C'EST CETTE STATUE QUE M. MARU VOUS AVAIT FORCÉ À LAISSER POUR S'ASSURER QUE VOUS LE REMBOURSERIEZ ?
OUI... J'Y TIENS COMME À LA PRUNELLE DE MES YEUX...
MAIS HEUREUSEMENT, ELLE N'A RIEN...
...
VOUS AVEZ VRAIMENT DE LA CHANCE, MONSIEUR !!!
HEIN ?

2

VOUS NE TROUVEZ PAS ? TOUT A ÉTÉ MIS EN PIÈCES ICI...
MAIS VOTRE STATUE N'A RIEN ! C'EST UN VRAI MIRACLE, NON ?
REGARDEZ ! LES OBJETS À CÔTÉ DU DRAGON ONT ÉTÉ DÉTRUITS !
VOUS ÊTES UN VEINARD !
OUI... OUI...
!?
HM... C'EST ÉVIDENT ...
TOUT EST CLAIR DANS MA TÊTE MAINTE-NANT...
C'EST VOUS LE MEURTRIER !!!
QUOI !?

3

CE DRAGON PARFAITEMENT INTACT EN EST LA PREUVE !!!
!?
VOUS AVEZ TOUT SACCAGÉ AU SABRE ET EN AVEZ MIS UN DANS LES MAINS DE M. MARU POUR FAIRE ACCUSER M. SUWA ET NE PAS ÊTRE SUSPECTÉ...
VOUS VOULIEZ QUE L'ON CROIE À UNE DISPUTE...
MAIS VOUS AVEZ COMMIS DES ERREURS !!!
LA PREMIÈRE EST DE VOUS ÊTRE TROMPÉ EN METTANT LE SABRE DANS LES MAINS DE M. MARU...
ET LA DEUXIÈME ...
EST D'AVOIR ÉPARGNÉ CETTE STATUE DANS VOTRE MASSACRE !!!
AINSI CETTE SCULPTURE COMPTE PLUS QUE TOUT POUR VOUS : VOUS POUVIEZ VOUS EN PRENDRE À UN HOMME MAIS PAS À CETTE SCULPTURE !!!
NON ! C'EST UN PUR HASARD !!!
AH BON ? ALORS POURQUOI MENTIR EN PRÉTENDANT AVOIR LAISSÉ UN MESSAGE SUR LE RÉPONDEUR ?
JE NE MENS PAS ! C'EST VRAI ! J'AI LAISSÉ UN MESSAGE !

4

POURTANT LES SEULS MESSAGES ENREGISTRÉS ÉTAIENT...
CELUI DE M. HATANO À 16H38...
ET CELUI DE M. SUWA À 16H41...
IL N'Y AVAIT QUE DEUX APPELS ENREGISTRÉS !
DEUX APPELS !?
MAIS J'Y PENSE... M. MARU EST ENTRÉ DANS LA MAISONNETTE VERS 15 HEURES ET SON CORPS A ÉTÉ DÉCOUVERT VERS 17 HEURES... PENDANT CE TEMPS, IL Y A EU TROIS APPELS !!!
SI JE ME SOUVIENS BIEN, LE PREMIER A EU LIEU VERS 15H30...
LES DEUX AUTRES APRÈS 16H30...
ON PEUT LOGIQUEMENT PENSER QUE LES DEUX DERNIERS APPELS ÉTAIENT CEUX DE MM. SUWA ET HATANO...
QUANT AU PREMIER : ÉTAIT-CE CELUI DE M. AKUTSU ?
DE PLUS, M. MARU ÉTAIT DANS L'ANNEXE AU MOMENT DES APPELS...
ALORS POURQUOI AVOIR MIS LE RÉPONDEUR ?
!?
DRING
DRING
DRI...
LE DEUXIÈME ET LE TROISIÈME APPEL ONT À PEINE SONNÉ, ILS ONT ÉTÉ IMMÉDIATEMENT COUPÉS...
MAIS LE PREMIER...
DRING
DRING
DRING
DRING
DRING
DRING
DRING
DRING
DRING

5

DITES, MONSIEUR, QUAND VOUS AVEZ TÉLÉPHONÉ, IL N'Y A RIEN EU DE BIZARRE ?
VOUS N'AURIEZ PAS EU DU MAL À ÊTRE CONNECTÉ PAR EXEMPLE ?
OUI... J'AI DÛ LAISSER SONNER LONGTEMPS AVANT QUE ÇA NE DÉCROCHE...
ET QUAND ÇA A DÉCROCHÉ, IL Y AVAIT LE RÉPONDEUR...
EH, MAIS SI LE PREMIER APPEL CORRESPONDAIT AU MOMENT OÙ LE TÉLÉPHONE A SONNÉ PLEIN DE FOIS ?
PAPA, TU L'AS ENTENDU AUSSI NON ? PERSONNE NE RÉPONDAIT ET NOUS ÉTIONS EMBÊTÉS...
C'EST VRAI...
DRING
DRING
DRING
DRING
DRING
DRING
DITES-NOUS, MADAME, COMMENT FONCTIONNE VOTRE RÉPONDEUR ?
SI APRÈS DIX SONNERIES, PERSONNE NE RÉPOND, IL S'ENCLENCHE AUTOMATIQUEMENT...
C'EST EXACTEMENT TEL QUE JE VOUS L'AI DIT !
BON ! JE VAIS RÉÉCOUTER ENCORE UNE FOIS...
VRUUU
"BIP" EUH, C'EST IKUYA HATANO... VOUS N'ÊTES PAS LÀ M. MARU ? C'EST EMBÊTANT...
NOUS AVIONS RENDEZ-VOUS À 17 HEURES, J'Y... J'Y SERAI QUAND MÊME... CLAC
"IL EST 16 HEURES ET 38 MINUTES" ...
"BIP" C'EST YUJI SUWA... NOUS DEVIONS NOUS VOIR À 18 HEURES, MAIS JE PENSE VENIR UN PEU PLUS TÔT...
POUR LA COMPÉTITION DE SABRE DU MOIS PROCHAIN BLA BLA BLA BLA...

BLA BLA BLA... À TOUT À L'HEURE... CLIC. "IL EST 16 HEURES ET 41 MINUTES"
CLIC
VOTRE MESSAGE N'EST NI AVANT, NI APRÈS...
C'EST IMPOSSIBLE...
MAIS À QUELLE HEURE AVEZ-VOUS APPELÉ ?
EUH... JE CROIS QUE C'ÉTAIT UN PEU AVANT L'HEURE PRÉVUE POUR LE RENDEZ-VOUS, VERS 16 HEURES...
HUM... ET SI VOUS AVIEZ ENTENDU LE TÉLÉPHONE SONNER DE L'ENDROIT OÙ VOUS AVEZ TUÉ M. MARU ?
ÇA EXPLIQUERAIT POURQUOI VOUS MENTEZ...
C'EST FAUX...
DRING
DRING
DRING
DRING
JE VOUS DIS QUE J'AI LAISSÉ UN MESSAGE ! ET JE DISAIS : "JE SERAI UN PEU EN RETARD MAIS J'APPORTERAI L'ARGENT..."
"ALORS NE LA VENDEZ PAS OU..."
"VOUS LE PAIEREZ CHER !"...
...
S'IL ÉTAIT COUPABLE, POURQUOI MENTIR SUR QUELQUE CHOSE DE SI FACILEMENT VÉRIFIABLE...?
TOUJOURS EST-IL QUE SON MESSAGE N'EST PAS SUR LE RÉPONDEUR...
DE PLUS, LES HEURES DE RENDEZ-VOUS OÙ CHACUN D'EUX DEVAIT VENIR SONT LOUCHES...

M. HATANO AVAIT RENDEZ-VOUS À 17 HEURES ET CONFIRME QU'IL VIENDRA !
M. SUWA À 18 HEURES, ET PRÉVIENT QU'IL SERA EN AVANCE !
M. AKUTSU À 16 HEURES, ET AVERTIT DE SON RETARD !
MAIS SON MESSAGE N'EST PAS SUR LE RÉPONDEUR ...
TOUS LES TROIS SONT VENUS VERS 17 HEURES...
J'AI TOUT DE SUITE SENTI QU'UN DES VISITEURS DE M. MARU ÉTAIT UN ASSASSIN POTENTIEL...
AUJOURD'HUI, HORMIS KOGORO, TROIS PERSONNES SONT CONCERNÉES.
ET L'UN D'ENTRE EUX EST VENU À 15 HEURES !!!
DONC L'UN D'ENTRE EUX MENT SUR L'HEURE DE SON RENDEZ-VOUS...
15 HEURES
VISITE DU SUSPECT
UN LONG ET MYSTÉRIEUX APPEL TÉLÉPHONIQUE ? M. AKUTSU DIT AVOIR APPELÉ MAIS SON MESSAGE N'EST PAS SUR LE RÉPONDEUR. (RDV À 16H)
16 HEURES
HEURE PRÉSUMÉE DU CRIME
MESSAGE DE M. HATANO (RDV À 17H).
MESSAGE DE M. SUWA (RDV À 18H)
DÉCOUVERTE DU CORPS
17 HEURES
HEURE D'ARRIVÉE DE LA POLICE ET DES TROIS SUSPECTS.
!?

8

ATTENDS UN PEU... L'UN D'EUX A LAISSÉ UN MESSAGE UN PEU BIZARRE...
EN TEMPS NORMAL, ON NE DIRAIT PAS UNE CHOSE PAREILLE...
CE QUI VEUT DIRE QUE LE COUPABLE SERAIT...
MAIS ENFIN RÉFLÉCHISSEZ, INSPECTEUR ! SI C'ÉTAIT MOI QUI L'AVAIS TUÉ, J'AURAIS EMPORTÉ MA SCULPTURE !!!
HM... IL EST POSSIBLE AUSSI QUE VOUS AYEZ PRIS D'AUTRES CHOSES...
MADAME, Y A-T-IL DES OBJETS DE VALEUR DANS CETTE PIÈCE ?
JE CROIS BIEN QUE LA CLÉ DU COFFRE EST DANS LE TIROIR DU MEUBLE...
TAC
!?
ELLE... ELLE N'Y EST PAS !!!
QUOI !?
SI VOUS AVEZ...
NON... NON...
OH, ELLE EST LÀ, DANS UN AUTRE TIROIR...
ENFIN, MADAME...
C'EST CURIEUX PARCE QUE MON MARI LA METTAIT TOUJOURS DANS LE MÊME TIROIR...
...

!?
LE...
MEUBLE ...
LES ENTAILLES NE SE SUIVENT PAS !!!
MAIS ALORS ...

PEUT-ÊTRE QUE... !?
CATCH
EH LÀ, GAMIN ! ON NE TOUCHE PAS ! INTERDIT !
À CETTE HEURE-CI, LES GENTILS ENFANTS SONT DÉJÀ COUCHÉS !!!
T'AS RAISON ...
HM ?
DOM DOM DOM
PARDON MADAME, VOUS SAVEZ S'IL Y A UN POLAROÏD ICI ?
POURQUOI ME DEMANDES-TU ÇA ?
IL Y EN A UN, MAIS...
L'INSPECTEUR VOUDRAIT QUE VOUS LUI PRÊTIEZ !
AH JE VOIS ! JE VAIS LE CHERCHER TOUT DE SUITE !
11
DÉPÊCHEZ-VOUS !
TAP TAP
ET APRÈS, AVEC CE CUTTER...
POC
ZIP
KRA KRA

VOILÀ ! C'EST ÇA QUE TU VOULAIS ?
OUI EXACTEMENT !
BON, BEN JE VAIS L'APPORTER À L'INSPECTEUR...
...
JE VAIS VITE PRENDRE UNE PHOTO DU MEUBLE ...
FLASH
AH, NON !
ENCORE TOI, PETIT ?!
TSHH
AH, JE VAIS VOUS PRENDRE AUSSI !
NON, NON...
SOURIEZ ....!
CLOP
CHEEEEESE !!!

BANG
AÏE ...
TOU-JOURS CE GOSSE ...
ALORS ? ON S'AMUSE EN SERVICE !?
NON, INSPEC-TEUR...
OÙ AS-TU TROUVÉ CET APPAREIL-PHOTO ...?!
TU NOUS GÊNES LÀ !
ALLEZ, OUSTE !
TS TS
ZUT ...
PEU IMPORTE PUISQUE J'AI LA PHOTO QUE JE VOULAIS ...
OUAIH ! ÇA A MARCHÉ !
MAINTE-NANT AVEC LE CUTTER...
CLAC CLAC
CRATCH
CRATCH

!!
C'ÉTAIT DONC ÇA...
SI LA PIÈCE A ÉTÉ LACÉRÉE, CE N'ÉTAIT PAS UNIQUEMENT POUR FAIRE PORTER LE CHAPEAU À M. SUWA...
MAIS AUSSI POUR...
VITE ! IL FAUT QUE JE PRÉVIENNE TOUT LE MONDE...
MA MONTRE À PROJECTILES HYPODER-MIQUES...
COMME D'HABI-TUDE, KOGORO ...
CLAC
VA FAIRE UNE PETITE SIESTE ...
BIP BIP
PITCH
POC

ET MAINTENANT, GRÂCE À MON NOEUD-PAPILLON CHANGEUR DE VOIX...
ZZZZ
PAPA ?
CLIC CLIC
BOM
ZIP
HMM
FLE
TAP
TAP
HM... POUR AUJOURD'HUI ÇA IRA...
OUI, MOI AUSSI...
EST-CE QUE JE PEUX RENTRER ? J'AI DU TRAVAIL QUI M'ATTEND...
MAIS ...
MAIS... EUH... EH...
M. AKUTSU, VEUILLEZ NOUS SUIVRE AU COMMISSARIAT ...
DE TOUTE FAÇON, JE PENSE QUE VOUS DEVREZ ME LIBÉRER POUR INSUFFISANCE DE PREUVES !!!
D'ACCORD EMMENEZ-MOI AU COMMISSARIAT SI ÇA VOUS CHANTE !!!
MOURI ...?
HEIN ?
ATTENDEZ !!!

TOUT EST CLAIR POUR MOI, INSPECTEUR ...
UN PLAN TRÈS JUDICIEUX ...?
JE CONNAIS L'IDENTITÉ DE CELUI QUI A MIS AU POINT CE PLAN TRÈS JUDICIEUX ...
VOUS PARLEZ DES TRACES DE SABRE FAITES POUR NOUS FAIRE CROIRE À UNE LUTTE...
OUI. AVEC CETTE PETITE MISE EN SCÈNE, IL S'EST VRAIMENT MOQUÉ DE NOUS...
CAR CELUI QUI A ASSASSINÉ M. MARU ...
LE COUPABLE...
TAC
PiTCH
C'EST VOUS !!!

DOSSIER 5 : DES MOTS SUR LE MEUBLE.

C'EST VOUS M. SUWA !!!

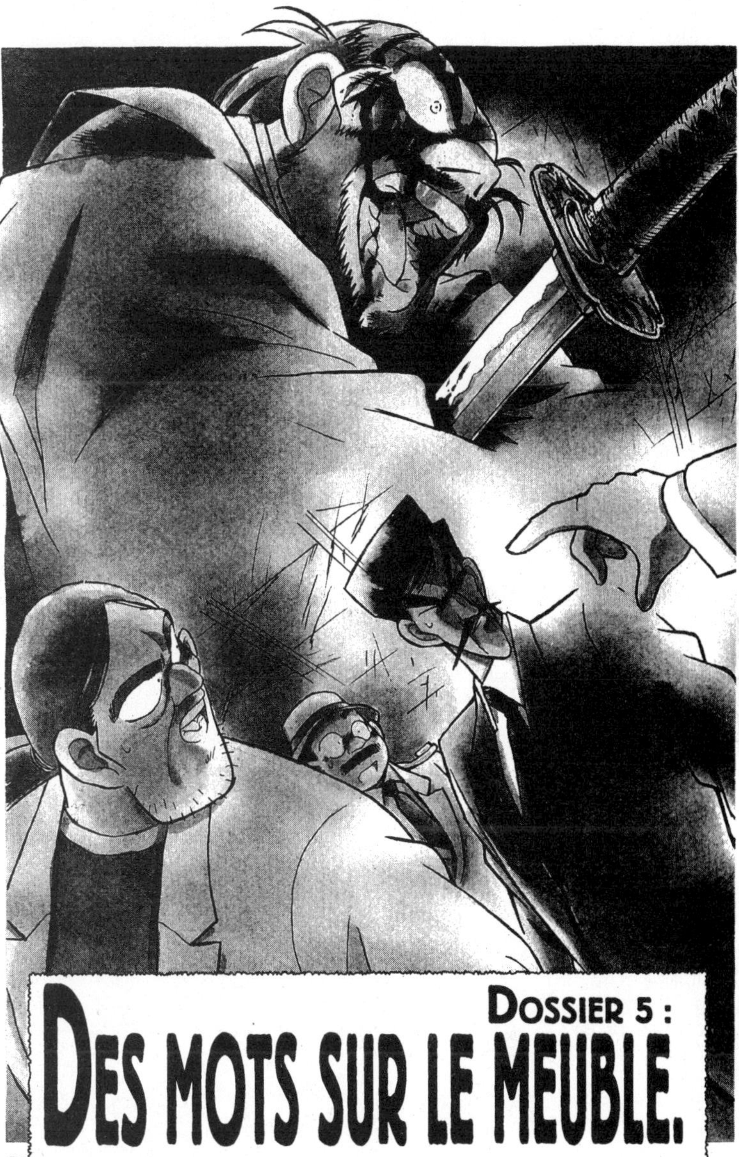
DOSSIER 5 :
DES MOTS SUR LE MEUBLE.

...
M. SUWA...?
ENFIN... QU'EST-CE QUE VOUS RACONTEZ, MOURI ?
LE MEURTRIER A FAIT EXPRÈS DE TAILLADER LES MURS POUR FAIRE ACCUSER M. SUWA ET NOUS LAISSER PENSER...
QUE M. MARU ÉTAIT MORT APRÈS UNE LUTTE ACHARNÉE !!!
C'EST VRAI PAPA ! MÊME S'ILS S'ÉTAIENT BATTUS, AUTANT D'ENTAILLES DE PART ET D'AUTRE, CE N'EST PAS NORMAL.
EN PLUS M. MARU TENAIT SON SABRE À L'ENVERS ...
M. SUWA QUI EST EXPERT EN SABRE, N'AURAIT PAS FAIT UNE TELLE ERREUR...
HM...
C'EST VRAI, NOUS AVONS PENSÉ À TOUT ÇA...
COMME L'ESPÉRAIT M. SUWA.
4

OUI... S'IL A MIS LA PIÈCE DANS UN TEL ÉTAT ET S'IL A MIS LE SABRE DANS LES MAINS DE M. MARU...
C'EST POUR QUE LES SOUPÇONS REPOSENT SUR LUI, PUISQU'IL PRATIQUE LE SABRE...
SE FAIRE SOUPÇONNER EXPRÈS ...?
IL AVAIT BIEN CALCULÉ SON COUP...
EN EXAGÉRANT LE NOMBRE D'ENTAILLES, ET EN PLAÇANT LES MAINS DANS UNE MAUVAISE POSITION, IL SE LAISSAIT...
UNE ISSUE DE SECOURS !!!
AINSI, NOUS AVONS TOUS CRU À UN STRATAGÈME PENSÉ POUR FAIRE ACCUSER M. SUWA...
ET L'AVONS DONC IMMÉDIATEMENT ÉCARTÉ DES SUSPECTS !!!
5
EN EFFET PERSONNE N'AURAIT IMAGINÉ QU'IL METTE TOUT AU POINT POUR SE FAIRE ACCUSER...
...
HM...
CE QUE VOUS DITES EST TRÈS AMUSANT, DÉTECTIVE MOURI...

TOUT CECI N'EST QU'UNE HYPOTHÈSE, VOUS N'AVEZ AUCUNE PREUVE DE CE QUE VOUS AVANCEZ.
IL A RAISON, MOURI...
ET QUE FAITES-VOUS DE CETTE SCULPTURE ?
TOUT A ÉTÉ MIS EN PIÈCES ICI, SAUF ELLE...
M. AKUTSU TIENT ÉNORMÉMENT À ELLE, ET M. MARU LA CONSERVAIT COMME GARANTIE...
IL EST DONC LOGIQUE DE PENSER QUE LE COUPABLE EST M. AKUTSU, QU'IL N'A PAS PU LA DÉTRUIRE AU COURS DE SA MISE EN SCÈNE...
ET JE VOUS RAPPELLE QUE C'EST VOUS QUI AVIEZ ÉMIS CETTE HYPOTHÈSE, MOURI...
ZOUP
AAAH
HEIN ?
C'EST VRAI INSPECTEUR...
TAC
MAIS J'AI MENTI...
MENTI ?
TAK
EN FAIT, JE PENSE QUE C'EST M. SUWA QUI A AUSSI MIS CELA AU POINT, AFIN QUE TOUT ACCUSE M. AKUTSU.
QUOI !?
VOUS RACONTEZ N'IMPORTE QUOI...
M. AKUTSU L'A DIT LUI-MÊME TOUT À L'HEURE : NOUS NE NOUS ÉTIONS JAMAIS VUS AUPARAVANT...
ALORS, COMMENT AURAIS-JE SU QUE CETTE SCULPTURE ÉTAIT À LUI...

GRÂCE AU RÉPONDEUR...
HEIN ...?
OUI. GRÂCE AU MESSAGE DE M. AKUTSU : " SI VOUS VENDEZ MA SCULPTURE DU DRAGON, VOUS LE PAIEREZ CHER"...
C'EST TRÈS CERTAINE-MENT CE QUE M. SUWA A ENTENDU LORSQU'IL A TUÉ M. MARU...
VOUS LE PAIEREZ CHER !!!
IL A IMMÉDIATEMENT PENSÉ À FAIRE PORTER LE CHAPEAU À M. AKUTSU.
MAIS NOUS, NOUS N'AVONS PAS ENTENDU CE MESSAGE...
CAR M. SUWA L'A EFFACÉ EN REMBOBINANT LE RÉPONDEUR ET EN METTANT SON MESSAGE À LUI PAR-DESSUS...
S'IL L'AVAIT LAISSÉ, CE MESSAGE AURAIT ÉTÉ UN BON ALIBI POUR M. AKUTSU...
ATTENDEZ UNE MINUTE...
C'EST VRAI QUE J'AI LAISSÉ UN MESSAGE,
MAIS AVANT LE MIEN SE TROUVAIT CELUI DE M. HATANO...
IL A TRÈS BIEN PU FAIRE LA MÊME CHOSE, NON ?
NON, ENTRE VOTRE MESSAGE ET LE SIEN, IL Y A UNE GRANDE DIFFÉRENCE...
DE PLUS...

DANS VOTRE MESSAGE, VOUS FAITES UN AVEU SANS VOUS EN RENDRE COMPTE !!!
!?
M. HATANO DIT :
“BiP” C'EST iKUYA HATANO... VOUS N'ÊTES PAS LÀ M. MARU ?
C'EST EMBÊTANT, NOUS AVIONS RENDEZ-VOUS À 17H... J'Y... J'Y SERAI QUAND MÊME...
ET VOUS M. SUWA :
C'EST YUJI SUWA... NOUS DEVIONS NOUS VOIR À 18H, MAIS JE PENSE VENIR UN PEU PLUS TÔT...
C'EST LÀ...
COMMENT ÇA “C'EST LÀ” ?
JE COMPRENDS POURQUOI M. HATANO DIT QU'IL VIENDRA QUAND MÊME À L'HEURE PRÉVUE MAIS...
POURQUOI M. SUWA VIENT-IL PLUS TÔT QUE PRÉVU ?
CONNAISSEZ-VOUS BEAUCOUP DE GENS QUI SE RENDENT CHEZ QUELQU'UN, PLUS TÔT QUE PRÉVU, ALORS QU'ILS SAVENT QUE LA PERSONNE EST ABSENTE ?

C'EST VRAI...
...
M. SUWA SAVAIT QUE M. MARU ÉTAIT CHEZ LUI...
À JAMAIS FIGÉ, DANS L'ANNEXE !!!
...
VOUS ME DECEVEZ, DÉTECTIVE MOURI...
EST-CE ÇA, LE GÉNIE DES ENQUÊTES DONT TOUS LES JOURNAUX PARLENT...?
QUAND NOUS AVONS CONVENU DU RENDEZ-VOUS AVEC M. MARU...
IL M'A DIT QU'IL AVAIT DEUX AUTRES RENDEZ-VOUS À 16H ET 17H, DONC QU'IL PRÉFÉRAIT QUE NOUS NOUS VOYIONS PLUS TARD...
C'EST POUR CELA QUE JE PENSAIS POUVOIR VENIR PLUS TÔT.
JE PENSAIS QU'À 17 HEURES, IL SERAIT CHEZ LUI...
MAIS DITES-MOI, POURQUOI ÊTRE VENU PLUS TÔT ?
JE VOULAIS RENDRE AU PLUS VITE L'ARGENT QUE JE LUI AVAIS EMPRUNTÉ...
ALORS, DÉTECTIVE MOURI...
VOUS AVEZ TOUJOURS DES DOUTES APRÈS ÇA ?
PFF... JE NE DOUTE PAS...
9

JE SUIS CERTAIN !!!
CERTAIN QUE VOUS ÊTES COUPABLE !!!
QUOI !?
IL Y A DANS CETTE PIÈCE UNE PREUVE IRRÉFUTABLE DE VOTRE CULPABILITÉ...
OÙ.. OÙ ÇA...?
LA RAISON POUR LAQUELLE CETTE PIÈCE EST COUVERTE D'ENTAILLES, N'A RIEN À VOIR AVEC UN DUEL SIMULÉ...
EN FAIT, IL FALLAIT CACHER QUELQUE CHOSE...
QUELQUE CHOSE...?
OUI, JUSTE À CÔTÉ DE VOUS, INSPECTEUR...

LES ENTAILLES SUR LE MEUBLE !!!
!?
REGARDEZ-BIEN...
CERTAINES ENTAILLES NE SE SUIVENT PAS...
C'EST VRAI...
DES TIROIRS ONT ÉTÉ DÉPLACÉS VOLONTAIREMENT PAR L'ASSASSIN...
POUR REMETTRE TEL QUE C'ÉTAIT AVANT...
IL FAUT PRENDRE LE DEUXIÈME TIROIR DU HAUT EN PARTANT DE LA DROITE, ET L'ÉCHANGER AVEC LE TIROIR LE PLUS À DROITE, SUR LA MÊME RANGÉE...
PUIS ÉCHANGER LE PREMIER TIROIR DE LA DEUXIÈME RANGÉE EN PARTANT DE LA GAUCHE AVEC LE TIROIR LE PLUS À GAUCHE DE LA CINQUIÈME RANGÉE...
ÉCHANGER AUSSI, LE DEUXIÈME TIROIR DE GAUCHE DANS LA DEUXIÈME RANGÉE AVEC LE TIROIR LE PLUS À DROITE DE CETTE MÊME RANGÉE...
ENSUITE, LE DEUXIÈME TIROIR EN PARTANT DE LA GAUCHE DE LA TROISIÈME RANGÉE, AVEC CELUI COMPLÈTEMENT À DROITE DE LA QUATRIÈME RANGÉE...
ENFIN, ÉCHANGER LE DEUXIÈME TIROIR EN PARTANT DE LA DROITE DE LA CINQUIÈME RANGÉE, AVEC LE TROISIÈME EN PARTANT DE LA GAUCHE DE LA QUATRIÈME RANGÉE...
MAIS ...

* NOTE : LIRE SUWA EN CARACTÈRES JAPONAIS.

...
MAIS POURQUOI ? QUEL MOBILE AVAIT-IL ?
IL AVAIT APPORTÉ L'ARGENT QU'IL DEVAIT RENDRE À M. MARU...
ALORS POURQUOI ...?
LE SABRE ...
LE SABRE ...?
J'AVAIS MOI AUSSI DÛ LAISSER UN OBJET EN GARANTIE. UN SABRE.
CE NE SERAIT PAS PAR HASARD CELUI UTILISÉ POUR LE CRIME ?
PFF... NON, LE MIEN N'AVAIT RIEN D'UN VULGAIRE JOUET ...
C'ÉTAIT UN SABRE TRANSMIS DANS MA FAMILLE DE GÉNÉRATION EN GÉNÉRATION.
UN "KIKUCHIYO" !!!
MAIS CE MAGNIFIQUE SABRE, IL L'A...
VOTRE SABRE ...?

JE L'AI VENDU...
CELA NE M'A D'AILLEURS PAS RAPPORTÉ GRAND-CHOSE...
!?
CONSIDÉRONS QUE L'ARGENT DE LA VENTE CORRESPOND AUX INTÉRÊTS...
...
QUAND J'AI RÉALISÉ CE QU'IL VENAIT DE DIRE, J'AI PRIS UN SABRE ET JE LUI AI TRANCHÉ LE DOS...
UN PEU ...

DE CETTE ...
CATCH
MA-NIÈRE-LÀ...
TAP TAP
HEIN ?

YAAA !!!
AAAAH
AAAAA...
SHUU
HM...
LA SUITE EST EFFECTIVEMENT TELLE QUE VOUS L'AVEZ RACONTÉE ...
JE CROYAIS QU'IL ÉTAIT MORT SUR LE COUP, ET LORSQUE J'AI RELÂCHÉ MON ATTENTION, IL A ÉCRIT CECI...
CLANG
MAIS TOUT DE MÊME...
VOUS N'AVEZ PAS BOUGÉ D'UN CIL ALORS QUE JE ME PRÉCIPITAIS VERS VOUS UN SABRE À LA MAIN...
ZAA

JE RECONNAIS BIEN LÀ, LA MARQUE DU GRAND DÉTECTIVE KOGORO MOURI !!!
MA PLUS GROSSE ERREUR A ÉTÉ QUE VOUS VOUS TROUVIEZ ICI AUJOURD'HUI !
AU REVOIR ...
WAA
PAPA, TU ES GÉNIAL !!!
UNE FOIS ENCORE VOUS M'AVEZ IMPRESSIONNÉ, MOURI !!!
...
MAIS... QU'AS-TU AU FRONT ?
HM ?
SSS

HYAAAAAA
?
TOUT ÇA POUR UNE COUPURE D'À PEINE TROIS MILLIMÈTRES...
DU SANG !!!
JE VAIS MOURIR !!!
UNE AMBULANCE !!!

Dossier 6 :
La bande des petits détectives.

ÉCOLE PRIMAIRE TIVEDETEC
EH CONAN, CE QUE TU NOUS AVAIS PROMIS DOIT BIENTÔT ÊTRE PRÊT, NON ?
QUOI DONC ?
NE ME DIS PAS QUE TU AS OUBLIÉ LA PROMESSE DE LA SALLE DE JEUX ?
C'EST TOI QUI AVAIS DIT QUE SI NOUS TE BATTIONS À CE JEU, TU FABRIQUERAIS N'IMPORTE QUOI POUR NOUS...
OUI ET MÊME QUE TU N'ES PAS AUSSI FORT QUE TU LE DIS...
HA HA HA...
OUI... JE LES AVAIS UN PEU SOUS-ESTIMÉS...
TOUT ÇA C'EST DU PASSÉ, IL FAUT L'OUBLIER...
QUOI !!!
C'EST PAS DU JEU !!!
ATTENTION ! LE NON-RESPECT D'UNE PROMESSE EST UNE FAUTE GRAVE !
JE PLAISANTE...

LES VOILÀ !
TOC
TENEZ ! VOS BADGES DE DÉTEC-TIVES !!!
DETECTIVE BOYS
AH GÉNIAL !!!
ON EST LA BANDE DES "DETECTIVE BOYS" !
C'EST VRAIMENT TOI QUI LES AS FABRIQUÉS, CONAN ?
BEN, J'AI DEMAN-DÉ AU PROFES-SEUR AGASA ...
ILS CONTIEN-NENT UN RÉCEPTEUR MINIATURISÉ !!!
ET IL Y A AUSSI UN ÉMETTEUR !!!
C'EST EXACTE-MENT CE QU'IL FAUT POUR DES GAMINS QUI VEULENT JOUER LES DÉTEC-TIVES ...
BON ! ET SI ON Y ALLAIT ?
OUAIH !
HEIN ? OÙ ÇA ?
BEN, C'EST ÉVIDENT !
ON EST UNE BANDE DE DÉTECTIVES NON ?
OUI ET ALORS...?

SALUT À TOUS !!!
DÉSOLÉS DE VOUS DÉRANGER PENDANT VOTRE REPAS !!!
NOUS SOMMES LA NOUVELLE BANDE DE JEUNES DÉTECTIVES !
NOUS RECEVONS ENTRE 17H ET 18H TOUTES VOS DEMANDES.
RADIO
SI QUELQUE CHOSE VOUS TRACASSE.
DEMANDEZ EN SALLE 1-B GENTA KOJIMA, LE CHEF DES DÉTECTIVES ...
MITSUHIKO TUSBURAYA, LE DÉTECTIVE NIHILISTE ...
AYUMI YOSHIDA, LA DÉTECTIVE DE CHARME ...
CONAN EDOGAWA ...
NOUS VOUS ATTENDONS !!!

OH ! QU'EST-CE QUE VOUS FAITES LÀ !?
AH, LE PROF'...
BAM
BOM
BAM
PFF ! JE L'AIME PAS ! IL FAUT TOUJOURS QU'IL SOIT VIOLENT !
ON N'AVAIT RIEN FAIT DE MAL...
C'EST VRAI !
NON, C'EST FAUX !
MAIS AVEC UNE ANNONCE COMME CELLE-LÀ, ON VA AVOIR PLEIN D'ENQUÊTES !
OUAIH !
5
ET ON DEVIENDRA RICHES...
ET ON SERA CÉLÈBRES...
C'EST AYUMI ! LA CÉLÈBRE DÉTECTIVE !
UN AUTOGRAPHE !
UN AUTOGRAPHE !
INTERPOL NOUS FÉLICITERA !
C'EST VRAIMENT TOI LE MEILLEUR.
JE SAIS, JE SAIS...
FLASH
OUAIS...
JE COMMENCE À REGRETTER DE LEUR AVOIR DONNÉ CE BADGE...

DING
キーンコーン
カーンコーン
DONG DANG
POM POM
Y'A PERSONNE ...
NON ...
ON N'A PAS DÛ FAIRE ASSEZ DE PUB'...
AAAH
C'EST NORMAL. S'IL Y AVAIT BEAUCOUP DE CLIENTS, LES DÉTECTIVES N'AURAIENT AUCUN PROBLÈME !
ALORS QUE CONAN NOUS A DONNÉ DES BADGES...
...
MOI, J'ABANDONNE ! J'EN AI MARRE DE CE JEU STUPIDE !!!
TAC
MAIS GENTA !
POM
EH MITSUHIKO, ON VA À LA SALLE DE JEUX !!!
MAIS...
EUH, S'IL VOUS PLAIT...

HEIN ?
J'AI QUELQUE CHOSE À VOUS DEMANDER ...
C'EST POUR QUOI ? UN MEURTRE !?
UN CHANTAGE !?
JE SAIS ! TON PÈRE TROMPE TA MÈRE, TU VEUX QU'ON LE FILE ?!
NON... DEPUIS HIER, AKIRA A DISPARU...
UNE...
UNE DISPARITION !!!
IL EST FORT PROBABLE QU'IL SE SOIT FAIT KIDNAPPER !
ET COMMENT EST-IL ?
AH, J'AI AMENÉ UNE PHOTO ...
FLE
VOILÀ !
TAC
!?

UN CHAT...
C'EST UN CHAT QUI A DISPARU ?
OUI...
QUEL DOMMAGE ! CE N'EST PAS UN ENLÈVEMENT ...
...
EN RÉCOMPENSE, VOUS RECEVREZ 10 YENS CHACUN ...
10... 10 YENS...
DÉSOLÉ ! NOUS NE PRENONS QUE LES AFFAIRES IMPORTANTES !!!
SI TU ATTENDS UN PEU, TON CHAT REVIENDRA !
MAIS... MAIS...
ALLEZ, RENTRE CHEZ TOI !
ALLEZ, ALLEZ ...
TAP
MOI QUI PENSAIS VOUS DONNER DES CARTES DE YAIBA, LE VENGEUR MASQUÉ, QUAND VOUS L'AURIEZ RETROUVÉ ...
PFF

J'EN FAIS LA COLLECTION !!!
HEIN ?
CE SONT LES CARTES HYPER-DORÉES DE YAIBA !!!
CE SONT DES CARTES TRÈS RARES...
EN PLUS...
LE VENGEUR MASQUÉ...
YAIBA...
ON ACCEPTE !!!
AH, LES ENFANTS...

ANIMALERIE
PET SHOP
ZUT ! ON NE L'A PAS ENCORE RETROUVÉ ...
CROA
CROA
IL A DISPARU HIER... IL NE DEVRAIT DONC PAS ÊTRE LOIN...
BON ! ON A BEAUCOUP TRAVAILLÉ, SI TU NOUS DONNAIS TES CARTES ?
AH, NON !!! D'ABORD, VOUS LE RETROUVEZ !
EH, TON CHAT, IL N'A PAS QUELQUE CHOSE DE PARTICULIER ?
EUH, SI...
AKIRA NE MIAULE PAS COMME LES AUTRES CHATS :
IL FAIT "GRAOU"...

10

GRAOU
OUi UN PEU COMME ÇA...
...
HEIN ?
D'OÙ ÇA VENAIT ?
DE CETTE MAISON !
AKIRA !?
AKIRA !?
ヒョコ
VROU
AKIRA !!!
OUi !!!

GRAOU
AAH !
HOP
HEIN ?
TAP TAP TAP
IL EST COUVERT DE SANG ...
IL FAUT VITE LE SOIGNER ...
...
!?
NON ! CE CHAT N'A RIEN !!!
ALORS TOUT CE SANG SUR LUI...

PEUT-ÊTRE QUE...
EH !
ガシャ
CLAP
ATTENDS-NOUS, CONAN...
タッ
TAP
QU'EST-CE QUE TU FAIS ?
GON
IL Y A QUELQUE CHOSE À L'INTÉRIEUR ?
EH ! MOI AUSSI JE VEUX VOIR !
MOI AUSSI !
WAA
ET MOI ...
!?

AAAH

AAAAH
LA POLICE !!!
APPELER LA POLICE !!!
IL FAUT LES PRÉVENIR !!!
PIN PON PIN

CRiii
キキイ
CLAC
C'EST VOUS QUI AVEZ APPELÉ LA POLICE ?
OUI !!!
IL Y A VRAIMENT UN CADAVRE ?
OUI, VRAIMENT !!!
IL N'Y A AUCUN DOUTE, INSPECTEUR ...
CONAN ...
DE PLUS, APRÈS AVOIR DÉCOUVERT LE CORPS, PERSONNE N'EST ENTRÉ NI SORTI DE CETTE MAISON...
DONC, LE CORPS EST ENCORE LÀ...
BIEN ! RENTRONS !!!
OUI CHEF !!!
CRiii
DING DONG
POLICE ! OUVREZ !!!

CLAC
QU'Y A-T-IL ? VOUS EN FAITES DU BRUIT...
CES ENFANTS DISENT AVOIR VU UN CADAVRE DANS CETTE MAISON...
UN CADAVRE !?
ON L'A VU !!!
UN HOMME, DANS LA BAIGNOIRE ...
COUVERT DE SANG !!!
QU'EST-CE QUE C'EST QUE CES SALADES ...?
JE SORS À PEINE DE MON BAIN.
LA SALLE DE BAIN EST AU BOUT DU COULOIR.
!
SI VOUS ME PERMETTEZ D'ALLER FAIRE UNE PETITE VISITE !
EH ! OH !
TAP TAP
TAP TAP
SHUU

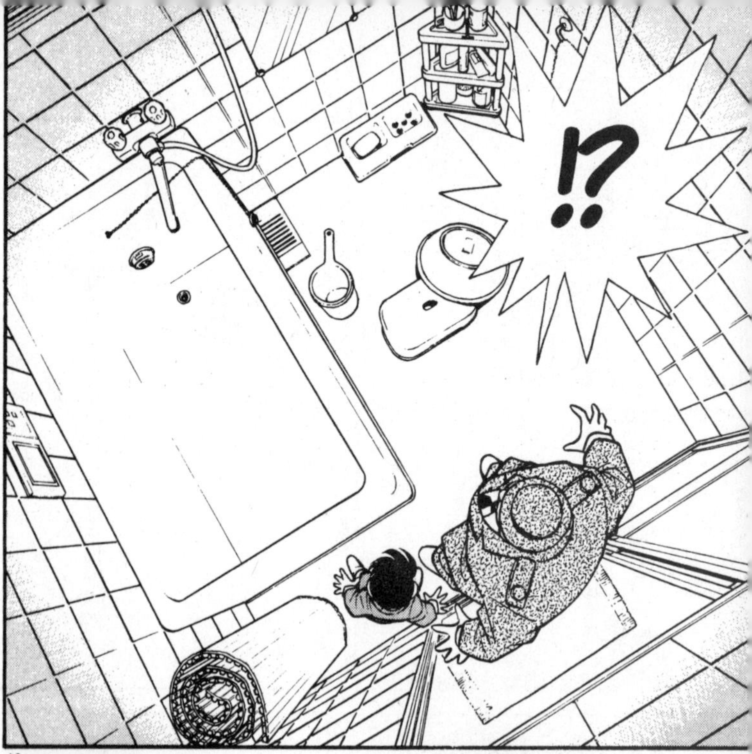
!?

ELLE... ELLE EST VIDE...
LE CADAVRE A DISPARU !?

Dossier 7 :

Des frères mystérieux.

LE CORPS...
LE CORPS A DISPARU !?
C'EST...
C'EST IMPOSSIBLE !?
VOUS VOYEZ!
IL N'Y A AUCUN CADAVRE ICI...
CES GARNEMENTS ONT SÛREMENT VOULU JOUER...
PUISQU'ON VOUS DIT QU'ON L'A VU !!!

DANS LA BAIGNOIRE, COUVERT DE SANG...
IL Y AVAIT UN CORPS !!!
C'EST SÛREMENT LE VIEUX QUI L'A CACHÉ !!!
QUOI !?
OUI ! IL S'EST RENDU COMPTE QU'ON L'AVAIT DÉCOUVERT ET IL S'EST DÉPÊCHÉ...
ENTRE VOTRE APPEL ET NOTRE ARRIVÉE, 15 MINUTES SE SONT ÉCOULÉES...
C'EST BIEN ASSEZ POUR DISSI-MULER UN CORPS.
3
C'EST N'IMPORTE QUOI! SI VOUS VOULEZ FOUILLER, NE VOUS GÊNEZ PAS !!!
MOI, JE SUIS AU PREMIER ÉTAGE, JE DORS !!!
CELA NE VOUS DÉRANGE PAS QUE NOUS FOUIL-LIONS SANS VOUS ?
JE M'EN FICHE ! JE N'AI RIEN À CACHER. EN CAS DE PROBLÈME, ADRESSEZ-VOUS À MON FRÈRE, IL NE VA PAS TARDER !!!
HM ...
CELA DIT...

POUR PRENDRE AU SÉRIEUX CE QUE PEUVENT RACONTER DES GAMINS...
LA POLICE A VRAIMENT DU TEMPS À PERDRE ...
HA HA HA HA HA HA HA !!!
...
FOUILLEZ PARTOUT !!!
CE CORPS EST CERTAINEMENT QUELQUE PART DANS LA MAISON !!!
CHERCHEZ DANS LES MOINDRES RECOINS...
VOUS ALLEZ ME LE RETROUVER ...
CE CORPS !!!

EUH ...
IL S'EST PASSÉ QUELQUE CHOSE CHEZ MOI...?
ZUT ! INTROUVABLE...
INSPECTEUR ! SON FRÈRE EST LÀ !!!
QU'EST-CE QUE...
QU'EST-CE QUI S'EST PASSÉ ?
EH BIEN, CES ENFANTS DISENT AVOIR VU UN CADAVRE...
TIENS ? OÙ SONT PASSÉS LES TROIS AUTRES ...
HEIN ? ILS ÉTAIENT LÀ À L'INSTANT ...
NON...
ダッ
EH...
TAP
5

AH, CONAN !
Hiii
ÉVI-DEM-MENT
CE N'EST PAS BIEN DE TOUT DÉRANGER...
MAIS NOUS AUSSI, ON CHERCHE !
PARCE QUE...
NOUS SOMMES LA BANDE DES PETITS DÉTECTIVES !!!
EXACTE-MENT !
TAC
HEIN, GENTA !
HEIN ?
AA...
CLANG

OUPS
ÇA NE FAIT RIEN. CE N'ÉTAIT PAS UN VASE D'UNE GRANDE VALEUR...
VOUS EN FAITES DU BRUIT ! VOUS NE POUVEZ PAS FOUILLER PLUS SILENCIEUSEMENT !?
MON FRÈRE KAZUOSHI EST AU PREMIER ?
OUI... IL A L'AIR ASSEZ EN COLÈRE...
JE M'EXCUSE MAIS QUE FAIT-IL DANS LA VIE ?
IL EST ÉCRIVAIN...
MAIS IL PASSE LE PLUS CLAIR DE SON TEMPS À TRAÎNER DANS LA MAISON...
QUANT À MOI, VOICI MA CARTE...
TOMOFUMI TANAKA... VOUS TRAVAILLEZ DANS UNE SOCIÉTÉ DE TRANSACTIONS BOURSIÈRES ?
TIENS, VOUS HABITEZ TOUS LES DEUX ICI... ?
7
OUI, CETTE MAISON EST LA MIENNE...
!?
À VRAI DIRE, MON FRÈRE EST UN PARASITE...
FLAP
QU'EST-CE QUE C'EST ?
UNE FEUILLE ?!

BON...
NOUS AVONS FOUILLÉ DE LA CAVE AU GRENIER...
IL NE RESTE PLUS QUE LA CHAMBRE DE VOTRE FRÈRE.
OUI...
CLAC
J'ESPÈRE QU'IL NE VA PAS S'Y OPPOSER...
TOC TOC
KAZUO-SHI ?
KAZUO-SHI ?
« CETTE ANNÉE, LE BASE-BALL PROFES-SIONNEL... »
C'EST BON...
JE CROIS QU'IL DORT.
BIEN...

VOILÀ UNE CHAMBRE BIEN PEU ENCOMBRÉE...
OUI... MON FRÈRE N'AIME PAS ACCUMULER LES CHOSES...
TAC
OH, VOUS AVEZ UN BEL ARBRE DERRIÈRE LA MAISON ...
DE CE CÔTÉ...
...
MONSIEUR TANAKA ?
S'IL DORT, IL POURRAIT AU MOINS ÉTEINDRE LA TÉLÉ...
CLAC
HEIN ?
JE CROIS QU'IL NOUS A ENTENDUS...

JE CROIS QUE VOUS AVEZ TOUT VU.
ET IL N'Y A PAS DE CORPS...
DONC... EH ! LES ENFANTS ...
NOUS VOUS JURONS QUE C'EST VRAI !!!
IL DOIT Y AVOIR UNE TRAPPE OU UNE CACHETTE SECRÈTE !!!
OUI ! C'EST CERTAIN !
JE VOUS ASSURE QU'IL N'Y A RIEN DE TEL.
...
MAIS PEUT-ÊTRE QUE LE CORPS N'EST PLUS DANS LA MAISON !
HEIN ?
MAIS, C'EST TOI-MÊME QUI NOUS AS DIT QUAND NOUS SOMMES ARRIVÉS...
QUE PERSONNE N'ÉTAIT ENTRÉ NI SORTI DE LA MAISON.
C'EST BIEN CE QUE J'AI DIT MAIS...
DE LÀ OÙ J'ÉTAIS, JE NE VOYAIS QUE LE DEVANT DE LA MAISON, ET PAS L'ARRIÈRE.

MAIS ENFIN, DERRIÈRE CETTE MAISON, IL Y A UN MUR TRÈS HAUT ! ON NE PEUT PAS L'ESCALADER EN PORTANT UN CORPS.
OUI, C'EST POUR ÇA QUE JE PENSAIS QUE PERSONNE N'AVAIT PU ENTRER OU SORTIR ...
MAIS DERRIÈRE, IL Y A UN TRÈS GRAND ARBRE, NON ?
IL A TRÈS BIEN PU, EN ATTACHANT LE CADAVRE SUR LUI, FRANCHIR LE MUR EN S'AIDANT DE L'ARBRE...
!?
ガチャ
CLANG
ALLÔ ?
HEIN ?
NON, VOUS ÊTES CHEZ MONSIEUR TANAKA, PAS CHEZ MONSIEUR KATEI...
OUI... NON... AU REVOIR.
UN FAUX NUMÉRO...
CLANG
DE QUOI PARLIONS-NOUS !?
DE L'ARBRE DE DERRIÈRE !
AH OUI... C'EST UN VIEIL ARBRE, IL ÉTAIT DÉJÀ LÀ QUAND J'AI ACHETÉ CETTE MAISON...
...
MAIS JE N'AI PAS ENTENDU LA SONNERIE DU TÉLÉPHONE ...

ALORS ? ÇA VA ?
OUI, OUI...
VOUS Y ARRIVEZ MÊME AVEC QUELQU'UN SUR LE DOS ?
EN FORÇANT, PEUT-ÊTRE QUE...
!?
INSPECTEUR ! C'EST IMPOSSIBLE !!!
DE L'AUTRE CÔTÉ DU MUR, IL Y A UNE PENTE BIEN TROP RAIDE !!!
COMMENT ?!
IL N'Y A PAS MOYEN DE DESCENDRE ?
IL Y A UN REBORD D'UNE QUARANTAINE DE CENTIMÈTRES DE LARGE. AVEC UN CORPS SUR LE DOS, C'EST INFAISABLE.
MÊME POUR UN HOMME SEUL, CE SERAIT DIFFICILE.

*VOIR VOLUMES PRÉCÉDENTS

COMMENT ?!
COMMENT LE CORPS A-T-IL BIEN PU DISPARAÎTRE !?
CRATCH
CE QU'ON PEUT IMAGINER POUR L'INSTANT...
HOP
C'EST QUE L'UN NETTOYAIT LA SALLE DE BAIN...
PENDANT QUE L'AUTRE DÉPLAÇAIT LE CORPS...
TAP
!?
CE SONT LES MÊMES FEUILLES QUE CELLES QUE J'AI TROUVÉES SUR LE PLUS JEUNE...
IL S'EST CERTAINEMENT SERVI DE CET ARBRE POUR SORTIR LE CORPS...
SEUL, C'EST IMPOSSIBLE, MAIS À DEUX, IL Y A CERTAINEMENT UN MOYEN...
MAIS LEQUEL... !?

TOC
HEIN ?
AH, CONAN !
SA-LUT !
MAIS... QU'EST-CE QUE VOUS FAITES LÀ ?
QUOI !? TU VOUDRAIS QU'ON PENSE QUE LA BANDE DES JEUNES DÉTECTIVES EST UNE BANDE DE MENTEURS !?
MOINS FORT, GENTA !!!
CHUUUT...
BEN EUX ALORS ...
OH...
VITE, CACHONS-NOUS !!!
HEIN ? ON EST REPÉRÉS ?!
IL DORT ENCORE, LÀ-BAS...

CELUI QUI FAIT PEUR !!!
C'EST EMBÊTANT...
IL AURAIT PU FERMER LES RIDEAUX.
!?
BON SANG...
MAIS ENFIN...
J'ÉTAIS COMPLÈTEMENT À CÔTÉ DE LA PLAQUE...

16

Dossier 8 :

Un cadavre étrangement mobile.

NON...
IL EST CLAIR...
QUE JE N'Y ÉTAIS PAS DU TOUT...
CONAN ?
TAC
HI
QU'EST-CE QUI TE PREND ?
TAP TAP TAP
DOM
JE CROIS QUE J'AI TROUVÉ ...
QUOI ?
GORO
L'ASTUCE POUR CACHER LE CORPS !!!
HEIN ?

OUI ! LE CORPS QUE NOUS AVONS VU DANS CETTE MAISON ...
NOUS L'AVONS CHERCHÉ PARTOUT AVEC LA POLICE, SANS SUCCÈS, ET IL EST IMPOSSIBLE DE LE SORTIR DE LA MAISON.
JE CROIS QUE J'AI COMPRIS COMMENT LE CORPS A PU DISPARAITRE
ATTENDEZ-MOI ICI ! JE VAIS RENTRER POUR LE VÉRIFIER...
MAIS COMMENT ?
TAC
PAR LA FENÊTRE DE LA SALLE DE BAIN !
PENDANT QUE LA POLICE FOUILLAIT, J'AI DISCRÈTEMENT ENLEVÉ LE LOQUET !
SHiii
ET VOILÀ !
OOOOH...
MAIS CE N'EST PAS UN PEU RISQUÉ D'Y ALLER SEUL ? IL Y A LES DEUX FRÈRES À L'INTÉRIEUR !
LE PLUS JEUNE A L'AIR GENTIL, MAIS...
IL FAUT SE MÉFIER DU VIEUX. QUAND ON ÉTAIT DANS L'ARBRE, IL DORMAIT ENCORE. ET S'IL SE RÉVEILLE...
OUI, QUAND GENTA A CASSÉ LE VASE, IL NOUS A CRIÉ DESSUS...
VOUS EN FAITES DU BRUIT !!
OUI, MÊME SON FRÈRE A ÉTÉ SURPRIS...
S'IL T'ATTRAPE, TU RISQUES DE PASSER UN MAUVAIS QUART D'HEURE !
...
CE N'EST PAS LÀ LE PROBLÈME ...

ON VA T'ACCOMPAGNER : L'UNION FAIT LA FORCE !!!
SURTOUT PAS ! L'ASSASSIN PEUT ÊTRE ENCORE À L'INTÉRIEUR !
ATTENDEZ-MOI DEVANT LA CABINE TÉLÉPHONIQUE À CÔTE DE LA MAISON !
DÈS QUE J'AI TROUVÉ LE CORPS, JE VOUS CONTACTE ET VOUS APPELEZ LA POLICE !
NOUS CONTACTER ...?
OUI ! GRÂCE AUX BADGES QUE JE VOUS AI DONNÉS !!!
IL Y A À L'INTÉRIEUR UN ÉMETTEUR-RÉCEPTEUR MINIATURISÉ
AVEC LA PETITE MANETTE QUI EST DERRIÈRE, ON PEUT RÉGLER LA FRÉQUENCE ET RECEVOIR DES MESSAGES ; EN APPUYANT SUR LE BOUTON, ON PEUT EN ENVOYER !!!
OOOH ...
VOS BADGES SONT RÉGLÉS SUR MA FRÉQUENCE, DONC N'Y TOUCHEZ PAS !!!
BON, J'Y VAIS !!!
EH, CONAN !!!
CLAC
CLAC
ATTENDS ...
PFFF
IL A FERMÉ À CLÉ...

NE PERDONS PAS DE TEMPS ! ViTE DANS LA CHAMBRE AU PREMIER ÉTAGE !
CLiC
TAP TAP
TAP
!?
ZUT...
LE PETIT FRÈRE EST ENCORE DEBOUT...
FLE
TAC
TAC
TiENS ? iL A SORTi QUELQUE CHOSE DE SA POCHE ET L'A POSÉ À CÔTÉ DU TÉLÉPHONE ...
CLOC
QU'EST-CE QUE C'EST ?!
TiPTiPTiP
5
UN TÉLÉPHONE MOBiLE !!!
BiEN SÛR, GRÂCE À ÇA, iL POUVAiT...
TOUT DEViENT DE PLUS EN PLUS CLAiR...
iL NE RESTE PLUS QU'À TROUVER LE CORPS ...

IL EN MET DU TEMPS
OUI...
IL A DIT QU'IL APPELLERAIT DÈS QU'IL AURAIT TROUVÉ LE CADAVRE...
PEUT-ÊTRE QU'IL VEUT SE GARDER TOUS LES HONNEURS...
OUI, DÉJÀ POUR LA CHASSE AU TRÉSOR, IL AVAIT VOULU CHERCHER TOUT SEUL...
ZUT ! MOI J'Y VAIS !!!
NON, CONAN A DIT D'ATTENDRE ICI !!!
SSS
EUH... OÙ EST LA CHAMBRE ?
HIII
OH, OH...
FLE
C'EST ICI...
!?

6

OUI...
BIEN SÛR...
DANS LA CHAMBRE, IL Y A UN MAGNÉTOSCOPE ET UN RÉPONDEUR TÉLÉPHONIQUE ...
IL N'Y A PLUS AUCUN MYSTÈRE !!!
VLAM
7
CATCH
ZUT DE ZUT !!!
TAP
C'EST BIZARRE... J'AVAIS CRU ENTENDRE QUELQUE CHOSE...
CE DOIT ÊTRE MOI...
OUF ...

EH, CONAN ? QU'EST-CE QUE TU FAIS ?! TU EN METS DU TEMPS !!!
!?
TU M'EN-TENDS !?
QUEL IDIOT ! JE LUI AVAIS DIT DE NE RIEN TOUCHER !!!
B
QUI... QUI EST LÀ ?!
ZUT ...
MONTREZ-VOUS !!!
OUPS ...
JE CROIS QU'IL A ÉTÉ REPÉRÉ...
VA-T'EN, CONAN !!!
INUTILE DE VOUS CACHER...
CLIC
FLASH
MINCE ! IL VAUT MIEUX LAISSER L'ÉMETTEUR ALLUMÉ...
SORS DE TA CACHETTE ET RENDS-TOI...
HM...

JE CROIS QUE C'EST PLUTÔT VOUS QUI DEVRIEZ VOUS RENDRE, M. TANAKA !!!
QUOI !?
CE CORPS QUE NI NOUS, NI LA POLICE N'AVONS SU TROUVER...
ÉTAIT EFFECTIVE-MENT DANS LA MAISON, ET DE SURCROÎT, SOUS NOS YEUX...
PUIS-QU'EN FAIT...
IL EST ICI MÊME, ASSIS DEVANT LA TÉLÉ...
C'EST ...
VOTRE FRÈRE !!!
BOM
QUOI !?
QUI...
QUI ES-TU !?

CONAN EDOGAWA !
JE SUIS DÉTECTIVE !!!
LA POLICE ...
VITE...
APPELER LA POLICE !!!
VOILÀ COMMENT VOUS AVEZ PROCÉDÉ :
QUAND VOUS VOUS ÊTES APERÇU QUE NOUS AVIONS DÉCOUVERT LE CORPS, VOUS VOUS ÊTES EMPRESSÉ DE LE CACHER...
VOUS AVEZ NETTOYÉ LA SALLE DE BAIN...
VOUS AVEZ FAIT ENFILER UN PEIGNOIR À VOTRE FRÈRE, ET L'AVEZ ASSIS SUR UNE CHAISE AU PREMIER ÉTAGE.
ET VOUS ÊTES VENU NOUS OUVRIR QUAND NOUS AVONS SONNÉ AVEC LA POLICE !!!

CE QUI EST AUDACIEUX, C'EST QUE VOUS AVIEZ VOUS AUSSI MIS UN PEIGNOIR ET QUE VOUS VOUS ÊTES FAIT PASSER POUR VOTRE FRÈRE !!!
VOUS VOUS RESSEMBLEZ SÛREMENT UN PEU, ET SI DES PROCHES VOUS AURAIENT CERTAINEMENT RECONNUS, DE PARFAITS ÉTRANGERS COMME NOUS N'Y ONT VU QUE DU FEU !!!
PUIS, PRÉTEXTANT UNE MAUVAISE HUMEUR, VOUS ÊTES ALLÉ DANS LA CHAMBRE...
PENDANT QUE LA POLICE FOUILLAIT, VOUS ÊTES SORTI EN FRANCHISSANT LE MUR DE DERRIÈRE GRÂCE À L'ARBRE...
LE REBORD EST ÉTROIT MAIS POUR UNE SEULE PERSONNE, C'EST FAISABLE...
UNE FOIS À L'EXTÉRIEUR, VOUS N'AVIEZ PLUS QU'À RETIRER VOTRE DÉGUISEMENT, ET REPRENDRE VOTRE RÔLE DE PETIT FRÈRE !!!
...
11
COMMISSARIAT
QUOI !? VOUS AVEZ DÉCOUVERT UN CADAVRE !?
CAMPAGNE DE SÉCURITÉ ROUTIÈRE
OUI ! C'EST LE JEUNE QUI A TUÉ LE VIEUX ! ET EN FAIT, CELUI QUI DORMAIT DANS LA CHAMBRE, IL NE DORMAIT PAS, IL ÉTAIT MORT !!!
AH, ENCORE TOI...
TU ME RACONTES ENCORE DES HISTOIRES... IL ÉTAIT BIEN VIVANT PUISQU'IL A ÉTEINT LA TÉLÉ QUAND SON FRÈRE L'A DEMANDÉ...
C'EST MÊME LUI QUI T'A GRONDÉ QUAND TU AS CASSÉ LE VASE...
SON JEUNE FRÈRE ÉTAIT JUSTE À CÔTÉ DE MOI À CE MOMENT-LÀ !!!

OUI. VOUS AVEZ FAIT EN SORTE QUE L'ON CROIE VOTRE FRÈRE TOUJOURS VIVANT...
GRÂCE AU MAGNÉTOSCOPE, AU RÉPONDEUR ET AU TÉLÉPHONE MOBILE QUE VOUS NOUS AVIEZ CACHÉS...
LA VOIX EN COLÈRE, VOUS L'AVIEZ ENREGISTRÉE AVANT QUE NOUS N'ARRIVIONS AVEC LA POLICE...
VOUS AVEZ ENSUITE DÉCLENCHÉ LE MESSAGE À DISTANCE GRÂCE À LA TOUCHE MÉMOIRE DE VOTRE TÉLÉPHONE MOBILE...
TIP
CLING
VOUS AVIEZ ÉVIDEMMENT PRIS SOIN DE COUPER LA SONNERIE DES AUTRES COMBINÉS DE LA MAISON...
VOUS EN FAITES DU BRUIT !!!
VOUS AVEZ FAIT COMME SI VOTRE FRÈRE AVAIT CRIÉ DE SA CHAMBRE À L'ÉTAGE !!!
CATCH
LA PREUVE, VOUS AVEZ DÉCROCHÉ UN APPEL ARRIVÉ PAR HASARD SANS QU'IL Y AIT LA MOINDRE SONNERIE...
VOUS AVEZ SÛREMENT DÛ VOIR LE TÉMOIN LUMINEUX DU TÉLÉPHONE S'ALLUMER LORSQU'A EU LIEU L'APPEL...
SI VOUS N'AVIEZ PAS DÉCROCHÉ, LE MESSAGE DU RÉPONDEUR SE SERAIT ENCLENCHÉ À NOUVEAU ET ÇA AURAIT PARU SUSPECT...
UN PEU COMME CECI...
BIP
TIT TIT TIT TIT TIT TIT TIT
BIP
VOUS EN FAITES DU BRUIT !? VOUS NE POURRIEZ PAS FOUILLER PLUS SILENCIEUSEMENT ?!
ET SI LA TÉLÉ S'EST ÉTEINTE, C'EST QUE VOUS EN AVIEZ PROGRAMMÉ L'ARRÊT AVEC LA MINUTERIE DU MAGNÉTOSCOPE... VOUS AVEZ JOUÉ LA COMÉDIE...
N'EST-CE PAS ?
M. TOMOFUMI TANAKA...?

PUISQU'ON VOUS DIT QUE C'EST VRAI ! SI VOUS NE VOUS DÉPÊCHEZ PAS, CONAN VA SE FAIRE TUER !!!
HM... BON J'EN AI ASSEZ ENTENDU...
JE RACCROCHE...
VOUS ÊTES BÊTE OU QUOI !? NE RACCROCHEZ PAS !!!
!
HE, HÉ, HÉ...
PETIT...
TU ES PLUTÔT INTELLIGENT...
GENTA, PASSE-LE-MOI ! PASSE-LE-MOI !!!
TU AS RAISON...
C'EST BIEN MOI...
PIK
QUI AI TUÉ MON FRÈRE !!!

BLAM
TAP
MON PARESSEUX DE FRÈRE QUI VIVAIT CHEZ MOI...
AVAIT FAIT UNE DÉCOUVERTE QU'IL N'AURAIT JAMAIS DÛ FAIRE !!!
TOMOFUMI, J'AI TROUVÉ CES PAPIERS DANS TA CHAMBRE.
JE CROIS QUE ÇA S'APPELLE DES TRANFERTS ILLÉGAUX D'ACTIONS, NON ?
NE T'INQUIÈTE PAS ! NOUS SOMMES FRÈRES, JE TE PROMETS QUE TOUT ÇA RESTERA ENTRE NOUS...
EN CONTRE-PARTIE, TU DEVRAS ME FAIRE VIVRE PENDANT QUELQUES DIZAINES D'ANNÉES. QU'EN DIS-TU ?
JE DOIS BIENTÔT ME MARIER !!!
MAIS IL REFUSAIT QUAND MÊME DE PARTIR !!!
TAP TAP
AU CONTRAIRE, IL ME SOUTIRAIT ENCORE PLUS D'ARGENT !!!
ALORS AVEC UN CLUB DE GOLF...
J'AI FRAPPÉ DE TOUTES MES FORCES SA TÊTE DE PARASITE !!!

BAM
PFT
PFT
LÀ, JE CROIS QUE JE VAIS M'ÉNERVER ...
CLIC CLIC
ZOUH
JE VAIS FRAPPER UN GRAND COUP...
AVEC MES CHAUSSURES MULTIPLICA-TRICES DE FORCES...
PRENDS-ÇA !!!
PLOTCH
HEIN ?
MAINTENANT QUE TU CONNAIS MON SECRET, JE NE PEUX PLUS TE LAISSER EN VIE...
PFT
PFT
PFT
VITE ! QUELQUE CHOSE DE PLUS DUR...
DÉSOLÉ, PETIT, MAIS...
CLANG
ZUT DE ZUT... UN LÉGUME NE SUPPORTE PAS LE CHOC !
CLANG

16

ZUUUH
A...
DOOOOOM
DOM
AAAAÏE!!!
UN PEU PLUS TARD, LA POLICE QUE GENTA ET LES AUTRES AVAIENT APPELÉE EST ARRIVÉE.
LE COUPABLE FUT ARRÊTÉ ET LE CORPS RÉCUPÉRÉ...
NOUS REGAGNÂMES LA CONFIANCE DE L'INSPECTEUR QUI NOUS AVAIT TRAITÉS DE MENTEURS...
NOTRE PREMIÈRE ENQUÊTE QUI AVAIT DÉBUTÉ PAR LA RECHERCHE D'UN CHAT SE TERMINA BIEN...

PUIS...
キーンコーン カーンコーン
DONG DING DONG
WAAAAA!
COMME D'HABITUDE, NOUS N'AVONS PAS DE CLIENTS...
OUI...
POM POM
QUAND JE PENSE QU'ON A CAPTURÉ UN ASSASSIN !!!
PARDON...
MON CHAT A ENCORE DISPARU...
HEIN ?!
J'AI LE PRESSENTIMENT QUE CETTE DISPARITION VA NOUS CONDUIRE À UNE AUTRE AFFAIRE !
CE CHAT N'EST PAS UN CHAT ORDINAIRE !!!
NOUS NE L'AVONS SU QU'APRÈS MAIS...
"AKIRA LE CHAT" EST UN COQUIN QUI AIME BIEN SE FAUFILER UN PEU PARTOUT...
IL NE NOUS A JAMAIS PLUS CONDUITS À UNE ENQUÊTE...
GRAOU

DOSSIER 9 :
UN SOIR DE FÊTE.
天

HÔTEL OKEYAMA.
DÉPARTEMENT DE SAITAMA.
OKEYAMA
MESDAMES ET MESSIEURS, BONSOIR !!!
COMME VOUS LE VOYEZ, L'IDÉOGRAMME CHINOIS SIGNIFIANT "CIEL" VIENT D'APPARAITRE ORNE DE FLAMMES, SUR LA MONTAGNE !!!
TAC
TAC
C'EST BIEN LÀ LE SIGNE QUE LA FÊTE DE PRINTEMPS DU DÉPARTEMENT DE SAITAMA PEUT COMMENCER !!!
OH, TU NE PEUX PAS CHERCHER PLUS CALMEMENT ?
CLAC
CLAC
DE-SOLE ...
JE TE CROYAIS À LA FÊTE ET TU REVIENS CHERCHER TON PORTE-MONNAIE ...
JE NE PEUX MÊME PAS PRENDRE UN BAIN TRANQUILLEMENT...
N'OUBLIE PAS QUE NOUS AVONS RENDEZ-VOUS CE SOIR...
UN RENDEZ-VOUS ...?
FSH FSH
FSHH FSHH
BEN OUI ! TU M'AS DIT QU'ON ALLAIT FÊTER ÇA. C'EST POUR ÇA QUE JE SUIS VENU ...

!?
MAIS QU'EST-CE QUE TU FAIS HABILLÉ COMME ÇA...?
ET LA CHAMBRE ...
QU'EST-CE QUI T'A PRIS...?
ジャカ
CLAC
DÉSOLÉ, MAIS LE RENDEZ-VOUS DE CE SOIR EST ANNULÉ...
3
QUE !?
EH OUI...
LE PRINCIPAL INVITÉ DE LA FÊTE...
BANG

EST MORT...
BLAM
!!
HE HE HE ...
CATCH
VRAIMENT DÉSOLÉ VIEUX...
CLAC
204
EUH... IL N'Y A PAS EU COMME UN COUP DE FEU ?
BLA BLA
ATTEN-DEZ...
TAP
カン
CLANG CLANG
カン
CLANG
TAP

4

5

*VOIR VOLUMES PRÉCÉDENTS.

6

C'EST BIEN AGRÉABLE DE VENIR À UNE FÊTE ET DE DORMIR À L'HÔTEL !
N'EST-CE PAS, CONAN ?
AH OUI !
CE SERAIT MIEUX SANS ÇA...
ILS ME TRAITENT VRAIMENT COMME UN GAMIN...
OUF ! JUSTE À TEMPS...
MFF
MFF
MPF
S'IL VOUS PLAÎT ! VOUS POURRIEZ ME PRENDRE EN PHOTO ?
OUI BIEN SÛR !
AVEC EN FOND L'IDÉOGRAMME "UN"...
AVEC CET APPAREIL ...

FLASH
MERCI BEAUCOUP.
J'ÉCRIS UN CARNET DE ROUTE SUR LES FÊTES RÉGIONALES ET CES PHOTOS ME SERVIRONT DE DOCUMENTATION.
OH, ALORS VOUS ÊTES ÉCRIVAIN !!!
COMME VOUS ÊTES BRONZÉ, JE PENSAIS QUE VOUS ÉTIEZ PLUTÔT UN SPORTIF.
NON, PAS DU TOUT ! C'EST AU COURS DE MES VOYAGES QUE J'AI BRONZÉ...
SI ÇA VOUS INTÉRESSE, VOUS POUVEZ LIRE CECI...
C'EST MOI QUI L'AI ÉCRIT ...
VRAIMENT ? MERCI BEAUCOUP !
NORIKAZU SASAI ...?
ÇA NE VOUS DIT RIEN ?
AUSTRALIE, RÉCIT DE VOYAGE
NORIKAZU SASAI
AUTREFOIS, J'ÉCRIVAIS SOUS LE PSEUDONYME DE TOMOKAZU IMAI...

TOMOKAZU IMAI ? MAIS JE CONNAIS !!!
J'AI LU BEAUCOUP DE LIVRES DE LUI QUAND J'ÉTAIS AU COLLÈGE : "ROMANCE AU CLAIR DE LUNE", OU ENCORE "ON ENTEND LE VENT" !!!
C'EST BIZARRE PARCE QUE LORSQUE SATORU IMATAKE A REÇU SON PRIX DU MEILLEUR ÉCRIVAIN, IL A AVOUÉ QUE TOMOKAZU IMAI ÉTAIT SON PSEUDONYME À SES DÉBUTS...
SATORU IMATAKE EST UN DE MES VIEUX AMIS. NOUS ÉCRIVIONS ENSEMBLE AUTREFOIS.
AVEC LE CÉLÈBRE SATORU IMATAKE !?
OUI. D'AILLEURS NOUS SOMMES VENUS ICI ENSEMBLE...
J'AI PENSÉ QU'ON POURRAIT FÊTER SON PRIX DANS SA RÉGION NATALE.
ET PUIS, C'EST BIEN AUSSI POUR MON PROCHAIN LIVRE...
OUF ! QUELLE CHALEUR...
T'AS QU'À ENLEVER TA VESTE SI T'AS CHAUD...
C'EST TRÈS JOLI PAR ICI...
VOUS POURRIEZ M'EN PRENDRE ENCORE DEUX OU TROIS S'IL VOUS PLAIT ?
OUI, BIEN SÛR...
CLIC
CLAC

HEIN ?
M. NORI-KAZU SASAI ?
JE SUIS L'INSPECTEUR YOKOMIZO, DU DÉPARTEMENT DE SAITAMA !!!
J'AIMERAIS VOUS POSER QUELQUES QUESTIONS AU SUJET DE M. SATORU IMATAKE...
HM ?
LA POLICE ...?
HM ?
ON NE SE SERAIT PAS DÉJÀ VUS PAR HASARD...?
EUH... IL EST ARRIVÉ QUELQUE CHOSE À SATORU ?
IL EST MORT !!!
ASSASSINÉ DANS LA CHAMBRE DE L'HÔTEL QUE VOUS AVIEZ RÉSERVÉE TOUS LES DEUX !!!
QUOI !?

HÔTEL OKEYAMA
LA VICTIME EST LE ROMANCIER SATORU IMATAKE...
IL A ÉTÉ TUÉ AVEC UNE ARME À FEU...
D'APRÈS LES TÉMOIGNAGES DES VOISINS DE CHAMBRE QUI ONT ENTENDU LE COUP DE FEU, LE CRIME A EU LIEU VERS 20 H 02, 20 H 03...
LE CRIMINEL SEMBLE ÊTRE UN JEUNE HOMME, QUI A PRIS LA FUITE AUSSITÔT APRÈS...
C'EST BIEN CE QUE VOUS AVEZ DIT ?
OUI... C'ÉTAIT JUSTE AU MOMENT DE LA RETRANSMISSION DE LA FÊTE DE PRINTEMPS À LA TÉLÉVISION.
HM... UNE BALLE TIRÉE EN PLEINE TÊTE...
EH LÀ ! QUI ÊTES-VOUS POUR VOUS PERMETTRE DE...
UN SIMPLE DÉTECTIVE.
UN DÉTECTIVE...?
VOUS NE SERIEZ QUAND MÊME PAS...

KOGORO MOURI, LE CÉLÈBRE DÉTECTIVE !?
OUI, C'EST MOI...
!?
VRAIMENT ?! VOUS AVEZ RÉSOLU DE NOMBREUSES ENQUÊTES TRÈS DIFFICILES !!! JE LIS TOUT LE TEMPS LE RÉCIT DE VOS EXPLOITS DANS LES JOURNAUX !!!
NE LE DITES À PERSONNE, MAIS C'EST MOI QUI AI TOUT FAIT.
JE VOUS EN PRIE ! NE VOUS GÊNEZ PAS, EXAMINEZ-LE ! JE LE MENTIONNERAI DANS MON RAPPORT !!!
...
KOP KOP
TIENS ? IL A QUELQUE CHOSE AUTOUR DE LA BOUCHE...
QU'EST-CE QUE C'EST ?
PIK

C'EST...
DU DENTIFRICE.
HEIN ?
OUILLE
PFF ! NON MAIS, C'EST PAS VRAI CELUI-LÀ...
VOUS AVEZ TROUVÉ QUELQUE CHOSE, DÉTECTIVE MOURI...?
DE TOUTE ÉVIDENCE, C'EST UN CAS DE CAMBRIO-LAGE...
UN CAMBRIO-LAGE ?
LA VICTIME N'A PLUS DE PORTE-FEUILLE, ET LA CHAMBRE EST SENS DESSUS DESSOUS...
OUI. UN CAMBRIO-LEUR QUI CHERCHAIT DE L'ARGENT ...
LE FAIT QUE LE CORPS SOIT ÉTENDU PRÈS DE L'ENTRÉE NOUS PERMET DE PENSER QUE QUELQU'UN A DÛ FRAPPER À LA PORTE...
ET TIRER LORSQUE LA VICTIME A OUVERT...
MAIS, DÉTECTIVE MOURI... N'EST-IL PAS POSSIBLE...
QU'ON VEUILLE NOUS FAIRE CROIRE À UN CAMBRIO-LAGE MAIS QU'EN RÉALITÉ...

LE MEURTRIER SOIT M. SASAI QUI AVAIT RÉSERVÉ LA CHAMBRE AVEC LUI...?
COM-MENT !?
JE VOUS RAPPELLE QUE LES TÉMOINS DISENT AVOIR VU UN JEUNE HOMME...
OUI, MAIS ILS N'ONT PAS VU SON VISAGE...
VOUS PLAISANTEZ, J'ESPÈRE !!!
LES TÉMOINS DISENT AVOIR ENTENDU UN COUP DE FEU VERS 20 HEURES, ET VU S'ENFUIR UN HOMME...
DANS CE CAS, J'AI UN ALIBI !
PUISQUE...
À CETTE HEURE-LÀ, J'ÉTAIS À LA FÊTE DU PRINTEMPS...
HEIN !?
C'EST MÊME LÀ QUE J'AI RENCONTRÉ M. MOURI !
N'EST-CE PAS ?
OUI...
MAIS NOUS NE NOUS SOMMES RENCONTRÉS QU'AU COURS DE LA DEUXIÈME PARTIE DE LA FÊTE...
MAIS J'Y ÉTAIS DEPUIS LE DÉBUT !!! SI VOUS NE ME CROYEZ PAS VOUS N'AVEZ QU'À FAIRE DÉVELOPPER LES PHOTOS DE CET APPAREIL !!!
VOUS Y TROUVEREZ CERTAINEMENT MON ALIBI !
BON ! FAITES TOUT DE SUITE DÉVELOPPER CECI !!!
OUI !!!
14

QUE FAIS-TU DANS LA SALLE DE BAIN, CONAN...?
EUH... RIEN...
C'EST ÉTRANGE... ELLE DEVRAIT POURTANT Y ÊTRE...
EH LÀ PETIT !!!
FROUTCH
FROUTCH
ZUT...
ZOUM
ZOUM
AH...
MONSIEUR, OÙ VOUS L'AVEZ TROUVÉE, CETTE BROSSE À DENTS ?
HM ? SUR LA MOQUETTE À CÔTÉ DU CORPS.
À CÔTÉ DU CORPS...
ET C'ÉTAIT AUSSI MAL RANGÉ QUAND VOUS ÊTES ARRIVÉ ?
OH OUI ! ET MÊME BIEN PLUS QUE ÇA !
OUI... COMME L'A DIT L'INSPECTEUR YOMIZO, IL NE S'AGIT PAS D'UN CAMBRIOLAGE ...
ET LE MEURTRIER EST MÊME UN PROCHE DE LA VICTIME...

ET C'EST CERTAINEMENT LUI !
MAIS POURQUOI AFFICHER CE SOURIRE TRIOMPHANT ...?
QUE PEUT-IL Y AVOIR SUR CES PHOTOS...
QUI LUI PROCURE UN SI BON ALIBI !?
16
UNE HEURE PLUS TARD...
HÔTEL OKETAMA
INSPECTEUR ! LES PHOTOS SONT PRÊTES !!!
AH, PARFAIT !!!
VOYONS VOIR...

IL Y A SEPT PHOTOS...
MAIS POURQUOI SERAIENT-ELLES UN ALIBI ?
OH !
C'EST LA PHOTO QUE J'AI PRISE !
REGARDEZ, ÇA C'EST LE BALLON DE CONAN !
OUI, C'EST LORSQUE L'IDÉOGRAMME "UN" S'EST ILLUMINÉ DE FLAMMES QUE NOUS AVONS RENCONTRÉ M. SASAI !
OUI MAIS, ON ENFLAMME LE "UN" SEULEMENT VERS 20H40 ...
LE CRIME A EU LIEU VERS 20H00 IL EST TRÈS POSSIBLE D'ALLER DE L'HÔTEL À LA FÊTE EN VOITURE...
!?
INSPECTEUR YOMIZO... LES TROIS IDÉOGRAMMES SONT ALLUMÉS À ENVIRON 20 MN D'INTERVALLE, N'EST-CE PAS ? PENDANT COMBIEN DE TEMPS RESTENT-ILS ALLUMÉS ?
UNE FOIS LE SUIVANT ENFLAMMÉ, ILS CONTINUENT DE BRÛLER ENCORE 2 OU 3 MINUTES...
CHAQUE CARACTÈRE EST DONC VISIBLE PENDANT ENVIRON 25 MN AU MAXIMUM...
IL EST IMPOSSIBLE D'ALLER DE L'HÔTEL À LA FÊTE EN 25 MN...

REGARDEZ !!! À L'ARRIÈRE-PLAN DE CETTE PHOTO, L'IDÉOGRAMME QUI APPARAÎT !!!
C'EST CELUI DU "CIEL" QUI FAIT L'OUVERTURE DE LA FÊTE À 20H ET QUI NE S'ÉTEINT QUE 25 MN APRÈS !!!
CETTE PHOTO PROUVE DONC QUE VOUS ÉTIEZ À LA FÊTE AVANT 20H25 !!!
VOTRE ALIBI EST INDISCU-TABLE !
JE VOUS L'AVAIS DIT...
...
QU'EST-CE QUE ÇA VEUT DIRE ?
EST-CE VRAIMENT UNE AUTRE PERSONNE QUI A COMMIS LE CRIME...?
POURTANT LES CIRCONS-TANCES DU CRIME...
À MOINS QU'IL Y AIT UNE ASTUCE AVEC CET ALIBI !?

Dossier 10 :
Un alibi indiscutable !?

HÔTEL OKEYAMA. DÉPARTEMENT DE SAITAMA.
OUI...
VOTRE ALIBI EST INDISCUTABLE, M. SASAI !
JE VOUS L'AVAIS DIT...
...
2
C'EST VRAI, DÉTECTIVE MOURI, MAIS JE NE SAIS PAS DIRE POURQUOI, POUR MOI LE COUPABLE, C'EST LUI...
VOUS LE FAITES EXPRÈS OU QUOI ?!
JE VOUS LE RÉPÈTE ENCORE UNE FOIS, J'AI UN ALIBI !!!
ALLONS, ALLONS... JE VOUS EXPLIQUE, INSPECTEUR ...
OUI...

L'ÉCRIVAIN SATORU IMATAKE A ÉTÉ TUÉ D'UNE BALLE VERS 20H03...
LES VOISINS DE CHAMBRE ONT ENTENDU LE COUP DE FEU, SONT SORTIS ET ONT VU S'ENFUIR UN HOMME.
M. SASAI DIT ÊTRE À LA FÊTE À CE MOMENT-LÀ, À 20 HEURES...
IL NOUS Y A MÊME RENCONTRÉS ET A DEMANDÉ À RAN DE PRENDRE DES PHOTOS...
OUI, MAIS IL ÉTAIT DÉJÀ PASSÉ 20H40...
C'EST VRAI QU'IL EST POSSIBLE D'ALLER DE L'HÔTEL À LA FÊTE EN 40 MN EN VOITURE...
MAIS IL AVAIT PRIS DES PHOTOS AVANT DE NOUS RENCONTRER ...
天
REGARDEZ ! IL Y A L'IDÉOGRAMME DU CIEL QUI APPARAÎT À L'OUVERTURE DE LA FÊTE SUR CETTE PHOTO. IL DISPARAÎT SEULEMENT 25 MN APRÈS AU PLUS TARD !!!
3
DONC, CETTE PHOTO PROUVE QUE M. SASAI ÉTAIT À LA FÊTE AVANT 20H25 !!!
ET COMME IL EST IMPOSSIBLE D'ALLER DE L'HÔTEL À LA FÊTE EN 25 MN, M. SASAI N'A PAS PU COMMETTRE CE CRIME !!!
MAIS...

ET SI CES PHOTOS ÉTAIENT DES PHOTOS TRUQUÉES ?
PAR EXEMPLE, RAJOUTER DE LA LUMIÈRE À CERTAINS ENDROITS, POUR QUELQU'UN QUI S'Y CONNAIT EN PHOTOS...
HA HA HA... ENFIN, C'EST VOUS-MÊME QUI AVEZ FAIT DÉVELOPPER CES PHOTOS !!!
EN PLUS, C'ÉTAIT UN APPAREIL JETABLE ! COMMENT VOULEZ-VOUS QUE JE FASSE UNE PAREILLE CHOSE ?
C'EST À TOI QUE J'AI CONFIÉ LE DÉVELOPPEMENT, NON ?
OUI ! IL N'Y AVAIT AUCUNE TRACE DE MANIPULATIONS, NI SUR L'APPAREIL NI SUR LE FILM !
VOUS VOYEZ !
...
ALLEZ, INSPECTEUR YOMIZO...
MÊME SI M. SASAI EST UN VIEIL AMI DE LA VICTIME, ET MÊME S'ILS AVAIENT RÉSERVÉ UNE CHAMBRE ENSEMBLE, EN CONTINUANT À LE SUSPECTER DE LA SORTE, VOUS ALLEZ FINIR PAR LE VEXER...
4
AU FAIT, COMMENT AVEZ-VOUS FAIT POUR SAVOIR QU'IL ÉTAIT À LA FÊTE ?
PARDON ?
OUI, PUISQUE VOUS ÊTES VENU LE CHERCHER DIRECTEMENT À LA FÊTE...
C'EST LA RÉCEPTION DE L'HÔTEL QUI M'A DIT...
QUE M. SASAI Y ÉTAIT ALLÉ VERS 19H30...
FRONT

AH... VOUS CONNAISSEZ MÊME L'HEURE...
OUI, D'APRÈS LA RÉCEPTIONNISTE, IL N'Y A AUCUN DOUTE SUR L'HEURE, CAR IL LUI A FAIT RÉPÉTER PLUSIEURS FOIS AVANT DE PARTIR...
HM...
SI JE VOULAIS SAVOIR L'HEURE, C'EST QUE JE VOULAIS ARRIVER À LA FÊTE AVANT QUE NE S'ÉTEIGNE L'IDÉOGRAMME "CIEL"...
AUJOURD'HUI COMME VOUS LE VOYEZ, J'AI OUBLIÉ MA MONTRE...
VOTRE MANIÈRE DE FAIRE ME DÉRANGE. VOUS ME DONNEZ L'IMPRESSION D'AVOIR VOULU CONSTRUIRE DE TOUTES PIÈCES UN ALIBI...
ET PUIS EN VOILÀ ASSEZ !
AURIEZ-VOUS OUBLIÉ DANS QUEL ÉTAT EST LA CHAMBRE ?
LE PORTE-MONNAIE D'IMATAKE A DISPARU, LA CHAMBRE EST TOUTE RETOURNÉE... IL NE FAIT AUCUN DOUTE QUE C'EST UN CAMBRIOLAGE...
ET LE FAIT QU'IMATAKE SOIT RETROUVÉ ÉTENDU DEVANT LA PORTE...
NOUS PERMET DE PENSER QU'IL A ÉTÉ TUÉ LORSQU'IL A OUVERT LA PORTE À CET INCONNU !!!
J'AIMERAIS MAINTENANT QUE VOUS VOUS METTIEZ À CHERCHER LE VÉRITABLE ASSASSIN DE MON AMI...
...
ET VOUS MONSIEUR ? VOUS N'ÊTES PAS INQUIET ?

5

ALORS, ON VOUS A PEUT-ÊTRE VOLÉ QUELQUE CHOSE AUSSI...
VOUS AUSSI VOUS DORMEZ ICI NORMALEMENT, NON ?
HEIN ?
DEPUIS QU'ON EST ARRIVÉS, VOUS PARLEZ AVEC L'INSPECTEUR MAIS...
VOUS NE VOULEZ PAS VÉRIFIER ?
À MOINS QUE VOUS NE SACHIEZ D'AVANCE QU'ON NE VOUS A RIEN VOLÉ...
MAIS COMMENT LE SAURIEZ-VOUS...
À MOINS D'AVOIR VOUS-MÊME SORTI TOUTES LES AFFAIRES !
!?
6

ENFIN CONAN !
HA HA HA... LE PETIT A RAISON...
AVEC LA MORT DE MON AMI, JE N'AVAIS PAS LA TÊTE À ÇA...
JE VAIS M'Y METTRE TOUT DE SUITE...
JE CROIS QUE RIEN NE MANQUE DANS MES AFFAIRES...
QUOI QU'IL EN SOIT, JE N'AVAIS RIEN APPORTE DE GRANDE VALEUR...
M. IMATAKE !!!
HEIN ?
MONSIEUR...
IMATAKE !!!
QUI ÊTES-VOUS ?

7

JE FAIS PARTIE DE L'ÉQUIPE DE RÉDACTION DU MAGAZINE "UNE ÉPOQUE LITTÉRAIRE". C'EST MOI QUI M'OCCUPAIS DE M. IMATAKE !!!
C'EST LA POLICE QUI M'A PRÉVENU ET JE SUIS VENU IMMÉDIATEMENT DU BUREAU !!!
MAIS JE NE PEUX Y CROIRE ...
"UNE ÉPOQUE LITTÉRAIRE" EST LE MENSUEL DANS LEQUEL IMATAKE PUBLIAIT SA SÉRIE "LE MYTHE DES VALEUREUX CHEVALIERS" !!!
AH, CE LONG ROMAN QUI A DÉBUTÉ IL Y A UN AN...
MAIS VOUS ÊTES M. SASAI !
OUI...
QUE FAITES-VOUS ICI ?
C'EST MOI QUI L'AVAIS INVITÉ À VENIR ICI POUR FÊTER SON PRIX DU MEILLEUR ÉCRIVAIN...
JE NE POUVAIS PAS IMAGINER UNE CHOSE PAREILLE ...
AU FAIT, IMATAKE M'AVAIT DIT QUE LA DATE DE DÉPÔT APPROCHAIT MAIS QU'IL N'AVAIT ENCORE RIEN COMMENCÉ...
BON SANG ! J'AVAIS OUBLIÉ QUE LA DATE LIMITE DE DÉPÔT ÉTAIT DEMAIN.
MAIS C'EST HORRIBLE ! JE N'AI PLUS LE TEMPS DE TROUVER UN AUTRE AUTEUR ! QUI PLUS EST, QUELQU'UN DE LA QUALITÉ DE M. IMATAKE !
...
JE N'AI PAS LE CHOIX...
CLAC CLAC
HEIN ?

8

SI VOUS VOULEZ, VOUS POUVEZ VOUS SERVIR DE CECI !
!?
C'EST ...?
C'EST UNE DES OEUVRES QUE J'AI ÉCRITES...
IMATAKE AVAIT INSISTÉ POUR QUE JE L'APPORTE POUR LUI FAIRE LIRE. C'EST UN PUR HASARD SI JE L'AI ICI...
ÇELA NE VAUT CERTES PAS LES ROMANS DE IMATAKE MAIS...
OH, MAIS SI ÇA VIENT DE VOUS QUI AVEZ AUTREFOIS TRAVAILLÉ AVEC M. IMATAKE, LA RÉDACTION SERA SÛREMENT D'ACCORD !!!
VOUS SAVEZ LORSQU'ON A DÛ CHOISIR QUELLE SERAIT L'OEUVRE PRINCIPALE D'"UNE ÉPOQUE LITTÉRAIRE", MÊME SI M. IMATAKE AVAIT ÉTÉ CHOISI, VOTRE NOM AUSSI AVAIT ÉTÉ CITÉ...
9
JE NE SAIS PAS SI CELA IRA, CE N'EST QUE LE PROLOGUE D'UNE LONGUE SÉRIE...
OH, VOUS SERAIT-IL POSSIBLE DE CONTINUER À ÉCRIRE POUR NOUS...?
C'EST DIFFICILE, VOUS SAVEZ. J'AI D'AUTRES ENGAGEMENTS AILLEURS ...
J'INSISTE ...

ENTENDU ! JE LE FERAI AUSSI EN MÉMOIRE D'IMATAKE !!!
MERCI !!! MERCI BEAUCOUP !!!
JE VAIS RAMENER CES COPIES À LA RÉDACTION...
EUH, INSPECTEUR...
EST-CE QUE JE PEUX RENTRER MAINTENANT ?
VOUS AVEZ ENTENDU...
JE CROIS QUE JE FERAIS MIEUX DE RENTRER POUR M'Y METTRE TOUT DE SUITE...
JE DOIS AUSSI LE FAIRE POUR IMATAKE, TUÉ PARCE QUE QUELQU'UN EN VOULAIT À SON ARGENT...
10

EH, MONSIEUR ! VOUS AVEZ BIEN DIT ÊTRE UN VIEIL AMI DE M. IMATAKE ?
OUI...
ZUT ! ENCORE CE GAMIN...
DONC VOUS LE CONNAISSIEZ BIEN, NON ?
IL ÉTAIT COMMENT ? PLUTÔT NÉGLIGÉ OU PLUTÔT PROPRE ?
AH, IL ÉTAIT PLUTÔT STRICT SUR L'HYGIÈNE. IL SE RASAIT TOUJOURS AVANT DE SORTIR...
ALORS, IL Y A QUELQUE CHOSE DE BIZARRE...
HEIN ?
JE VAIS DEMANDER À L'INS-PECTEUR CE QU'IL EN PENSE !
ATTENDS, PETIT !
QU'EST-CE QUI EST BIZARRE ?
SI TU ME L'EXPLI-QUAIS D'ABORD À MOI...
REGARDEZ, IL Y A DU DENTIFRICE AUTOUR DE SA BOUCHE. EN PLUS, SA BROSSE À DENTS A ÉTÉ RETROUVÉE À CÔTÉ DE LUI...
AVANT DE SE FAIRE TIRER DESSUS, IL ÉTAIT SÛREMENT EN TRAIN DE SE LAVER LES DENTS...
HA HA HA... MAIS TOUT LE MONDE SE BROSSE LES DENTS !!!
SURTOUT LORS-QU'ON FAIT ATTENTION À SON HYGIÈNE !!!
MAIS IL A ÉTÉ TUÉ AU MOMENT OÙ IL OUVRAIT LA PORTE, NON ?
OUI...

ENFIN EN GÉNÉRAL...
MAIS LORSQU'UN INCONNU FRAPPE À LA PORTE, ON NE GARDE PAS SA BROSSE À DENTS ET LE DENTIFRICE DANS LA BOUCHE !
LE PETIT A RAISON...
HEIN ?!
!?
NOUS POUVONS DONC EN DÉDUIRE QUE LA VICTIME CONNAISSAIT SON MYSTÉRIEUX VISITEUR...
SI QUELQU'UN ÉTAIT VENU LE VOIR À L'IMPROVISTE, IL NE L'AURAIT PAS REÇU DANS CETTE TENUE !
OU ALORS ...

12

QUE CE VISITEUR ÉTAIT DÉJÀ DANS LA CHAMBRE...
DANS LES DEUX CAS, CELA VOUS CORRESPOND, M. SASAI, NON ?
MAIS ...
EN VOILÀ ASSEZ !!!
QU'IMATAKE SE BROSSE LES DENTS OU PAS, CE N'EST PAS MON PROBLÈME !!!
MOI, J'AI CETTE PHOTO !!!
SI VOUS TENEZ TANT QUE ÇA À CE QUE JE SOIS COUPABLE, ALORS PROUVEZ-LE !!!
POUVEZ-VOUS LE PROUVER ?!
NON, VOUS NE POUVEZ PAS !!!
PARCE QUE J'ÉTAIS À LA FÊTE, ET CE DEPUIS LE DÉBUT !!!
FLAP

IL N'Y A AUCUN DOUTE...
C'EST LUI LE MEURTRIER !!!
IL A RETOURNÉ TOUTES LES AFFAIRES DE LA CHAMBRE POUR FAIRE CROIRE À UN CAMBRIOLAGE...
ET A TUÉ M. IMATAKE...
QUAND NOUS L'AVONS RENCONTRÉ À LA FÊTE, IL ÉTAIT PASSÉ 20H40...
IL AVAIT DONC EU LARGEMENT LE TEMPS DE COMMETTRE LE CRIME ET DE VENIR À LA FÊTE...
EN PLUS, LORSQUE NOUS L'AVONS RENCONTRÉ, LA PREMIÈRE CHOSE QU'IL A DITE A ÉTÉ :
OUF ! JUSTE À TEMPS !
QUELQU'UN QUI AURAIT ÉTÉ LÀ DEPUIS LE DÉBUT DE LA FÊTE NE DIRAIT PAS UNE CHOSE PAREILLE !
C'EST LUI...
LES CIRCONSTANCES, COMME SON COMPORTEMENT, DÉMONTRENT SA CULPABILITÉ...

SON ALIBI EST INDISCUTABLE...
ET PROUVE QU'IL ÉTAIT À LA FÊTE AVANT 20H25 !!!
MAIS IL Y A CETTE PHOTO !!!
COMMENT...
COMMENT A-T-IL PU PRENDRE UNE PHOTO PAREILLE !?
SANS AVOIR À TRAFIQUER L'APPAREIL OU LE FILM !?
15
EN PLUS, APRÈS CETTE PHOTO, IL A DEMANDÉ À RAN D'EN PRENDRE D'AUTRES...
ALORS QUE CES PHOTOS PRISES APRÈS 20H40 NE PEUVENT PAS CONSTITUER UN ALIBI...
ZUT... IL DOIT Y AVOIR AUTRE CHOSE...
QUELQUE CHOSE QUI DÉMONTERAIT SON ALIBI...
SOUVIENS-TOI ! SOUVIENS-TOI LORSQUE VOUS VOUS ÊTES RENCONTRÉS...
D'AUTRES PETITS DÉTAILS !!!

JE SUIS DÉSOLÉ MAIS JE VAIS RENTRER CHEZ MOI !
ATTENDEZ !
!?
PENDANT LA FÊTE... IL DISAIT :
OUF ! QUELLE CHALEUR ...
T'AS QU'À ENLEVER TA VESTE SI T'AS CHAUD...
QU'EST-CE QUE CELA PEUT SIGNIFIER ?
POURQUOI N'ENLEVAIT-IL PAS SA VESTE ?
PEUT-ÊTRE NE POUVAIT-IL PAS L'ENLEVER ?
POURQUOI ?
ET LORSQU'IL A DEMANDÉ À RAN DE LE PRENDRE EN PHOTO...
AVEC L'IDÉOGRAMME "UN" EN FOND...
JE CROIS QUE...

AVEC CET APPAREIL ...
!?
ATTENDEZ UN INSTANT JE VOUS PRIE ! J'AI ENCORE DES CHOSES À...
ÇA SUFFIT MAINTE-NANT !!!
SI VOUS CONTINUEZ, JE PORTE PLAINTE !!!
!?
C'EST ÇA...
J'AI COMPRIS ...

JE SAIS OÙ EST L'ASTUCE !!!
J'ÉTAIS SÛR QUE C'ÉTAIT BIEN LUI...
EN PLUS, C'EST UN MEURTRE ...
AVEC PRÉMÉDITATION !!!
CONAN 6 FIN
Le détective

ENCYCLOPÉDIE DES GRANDS DÉTECTIVES

par Gosho Aoyama 5

Jules Maigret

Créé par Georges Simenon, Jules Maigret est certainement le plus grand enquêteur qu'ait connu la police française! Maigret, comme son nom ne l'indique pas, est un homme de forte corpulence: 1m80 pour 100 kg. Fumeur de pipe, il ne la quitte que pour dormir. Et s'il commence à mordiller nerveusement sa pipe éteinte, cela veut dire que son enquête piétine... Pour résoudre ses enquêtes, il procède seul, interrogeant ça et là à la recherche d'indices. C'est assis sur une chaise retournée qu'il questionne les coupables, exerçant sur eux une pression psychologique pour qu'ils passent aux aveux. Si l'inspecteur Maigret que je dessine était aussi intelligent que celui de Georges Simenon, Conan n'aurait plus de souci. Mais malheureusement... ■

Je vous conseille : "Maigret tend un piège"

ENCYCLOPÉDIE DES GRANDS DÉTECTIVES

par Gosho Aoyama 6

Kosuke Kindaichi

Une vieille rancœur, une famille maudite, des meurtres successifs perpétrés sauvagement... Il n'en faut pas plus pour voir apparaître Kosuke Kindaichi!! C'est Seishi Yokomizo qui donna à son héros ce nom peu commun en s'inspirant de celui de Kyozuke Kindaichi, célèbre et illustre homme de lettres. Kosuke Kindaichi quitte l'université en milieu de cycle et part pour les Etats-Unis. A San Francisco, il résout par le plus grand des hasards une énigme policière et à son retour au Japon, ouvre une agence de détective. Vêtu d'un kimono froissé et de getas trop petites, se grattant la tête machinalement en parlant, la main dans ses cheveux ébouriffés, on a souvent bien du mal à le prendre au sérieux. Et c'est là son atout principal: il n'éveille la méfiance de personne lorsqu'il mène son enquête. Accompagné par l'inspecteur Todoroki qui n'a de cesse de répéter "ça y est! J'ai tout compris!", Kindaichi résout, grâce à son style inhabituel et à son instinct, des affaires étranges où relations humaines et complexité vont de pair. Ne le dites à personne, mais enfant, j'ai voulu imiter Kindaichi et je me suis tordu le cou... ■

Mon préféré:
"L'île aux portes de l'enfer"

Muhyo et Rôjî
Bureau d'investigation et de conseil des affaires paranormales
Muhyo et Rôjî
Bureau d'investigation et de conseil des affaires paranormales
18
kana
UN COCKTAIL DÉTONANT D'ACTION, DE MAGIE ET DE FRISSONS !
Un revenant vous tourmente ? Faites appel à Muhyo et Rôjî !
Nos deux magiciens du Bureau d'investigation des affaires paranormales se chargent des missions les plus périlleuses pour vous débarrasser des spectres les plus retors !
Les esprits malins n'ont qu'à bien se tenir !
SHONEN KANA – SÉRIE FINIE EN 18 TOMES
www.kana.fr
kana

Certains secrets devraient rester enfouis…

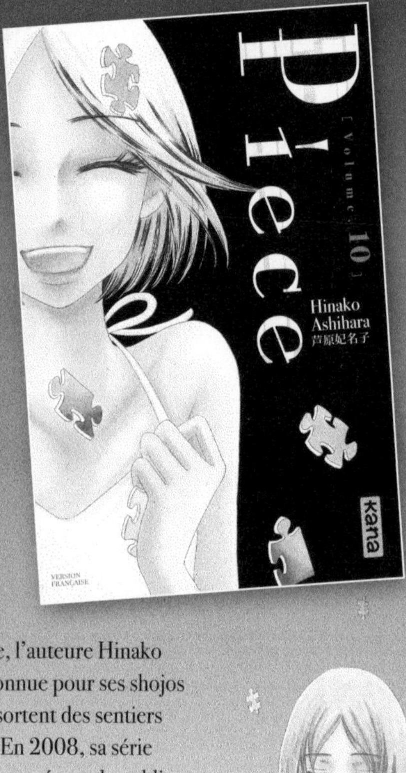

Mangaka émérite, l'auteure Hinako Ashihara est reconnue pour ses shojos dont les thèmes sortent des sentiers battus du genre. En 2008, sa série *Le Sablier*, est encensée par le public et par la critique, tant pour le traitement subtil de la psychologie de ses personnages que les dessins soignés du manga. Très attendue par le public français, *Piece* est la deuxième série d'Hinako Ashihara dans l'Hexagone.

Série terminée en 10 tomes | Shojo Kana | www.kana.fr

Quand le jeu devient réalité
VERSION FRANÇAISE
kana
Que sa volonté soit faite
26
若木民喜
Que sa volonté soit faite
Série terminée en 26 tomes
Shonen Kana
www.kana.fr

椎名高志 Takashi SHIINA
Zettai Karen Children
3 FILLES,
3 POUVOIRS,
3 TONNES
D'EMBROUILLES !
ZETTAI KAREN CHILDREN © 2005 Takashi SHIINA / Shogakukan Inc.
www.kana.fr
kana

MON
HISTOIRE
Dessin:
Aruko
アルコ
Scénario:
Kazune Kawahara
河原和音
Il n'avait rien pour plaire, et pourtant...
Série finie en 13 tomes.
kana
www.kana.fr

YU-GI-OH!
de kazuki takahashi
C'EST L'HEURE DU DUEL !
Kana
Version Française
YU-GI-OH
38
YU-GI-OH!
高橋和希
Kazuki TAKAHASHI
Le jeune Yûgi se découvre un double puissant
lorsqu'il réussit à recomposer le puzzle millénaire.
Leur objectif sera de faire triompher la justice par les cartes !
Les cartes du destin ne sont pas celles que l'on croit...

Ce manga est publié dans son sens
de lecture originale, de droite à gauche.

Ici, vous êtes donc à la fin.

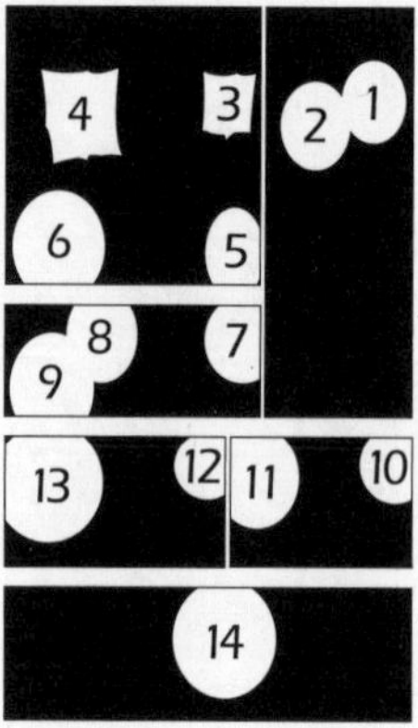

MEITANTEI CONAN vol.6 by Gosho AOYAMA

7, avenue P-H Spaak - 1060 Bruxelles
16e édition

Achevé d'imprimer en septembre 2022 • Dépôt légal : février 1998
d/1998/2377/3 • ISBN 978-2-8712-9159-6

Traduit et adapté en français par Tisabo
Conception graphique : Les Travaux d'Hercule
Adaptation graphique : Éric Montésinos

Imprimé et relié en France par DUPLIPRINT
Rue Saint Léonard 733, 53100 Mayenne